# How I Made Over $1 Million Using The Law of Attraction

The Last Law of Attraction, How-To, Or Self-Help Book You Will Ever Need to Read

# 真人實證！我靠吸引力法則賺到三千萬

E.K.Santo
E・K・尚多──著
孟紀之────譯

CONTENTS

CONTENTS

CONTENTS

CONTENTS

〈推薦序〉

# 食譜在這裡，你只要照著做就好了

網路創業家、國際認證訓練師與暢銷書作者 許耀仁

這本書的作者E．K．尚多從前言開始，就幫我出了個弔詭的難題……

他說，關於「吸引力法則」的書，不管你是讀了三本、五本，還是五十本、一百本，最後都會發現一件事，那就是：

**他們講的全都是一樣的東西**。

他強調，要讓「吸引力法則」在你的生活中發揮它該有的作用，你需要的並不是再多讀一本書、再多聽一場講座、再多報一個課程，而是「**百分之百照著做**」。然後，他在書裡面幫你整理出你可以照著做的「食譜」。

作者給我出了什麼難題，我等一下再告訴你。

在那之前，先聊聊我對他說的這些觀念的看法。

從我在二〇〇六年，因翻譯了《失落的致富經典》而有幸進入培訓領域，開始跟人們分享我對「吸引力法則」的一些親身經驗與應用心得那時開始，就經常在提醒學員類似這樣的觀念。

我常說，「吸引力法則」跟包括物理法則、數學法則等其他所有宇宙法則都一樣，實際應用上的狀況雖然五花八門，但公式都很簡單（以我翻譯的《失落的致富經典》這本書來說，當中提出的公式就是：願景＋信念＋決心＋感謝＋有效率的行動）。

而我也跟這本書的作者一樣，爲了找到更多關於「吸引力法則」的「祕密」，而多讀了數十本，甚至上百本的相關書籍，最後也發現每一本書裡的故事不一樣、說明的角度不一樣，但談到「吸引力法則」，它們講的全都是類似的框架……

然後到了某個時間點，我也突然醒過來，發現其實「祕密」並不存在，我需要的只是「每天練習」而已。

而當我醒悟到這一點，並且停止尋找那個上一本書作者沒告訴我的「祕密」，乖乖開始觀想、製作夢想板、念肯定語、盡可能讓自己「感覺很好」，以及最重要的，在機會跟靈感來臨時採取行動之後……

奇蹟就一個一個接連發生，讓我脫離了當時的人生黑暗期。

所以，我完全認同作者所說的。

但這下難題來了：

我要幫這本書寫推薦序，但這位尚多老兄卻劈頭就告訴你，其實你不需要再多一本書，而他自己這本書裡「沒有新東西」？這是哪招啊～～

想了許久，我想我了解作者的意圖了。

作者已經幫你把要讓「吸引力法則」開始產生正向作用的一切都整理好了，透過這本書，你就不會需要回過頭去，把你書櫃裡之前買的相關書籍都拿出來再 K 一次……

你只要開始照著做就好了。

那麼，對於「吸引力法則」，你準備好要停止研究，開始去做（然後讓它爲你帶來各種奇蹟）了嗎？

讓這本書成爲你後續旅程的嚮導吧！

〈推薦序〉

# 値得你投資時間看，且會聽到眞話的一本書

《祕密》系列譯者、《啓動夢想吸引力》作者　王莉莉

一開始收到寫序邀約時，想說怎麼又有跟吸引力法則相關的書，之前出版社不是覺得市場應該對這類主題的書感到疲乏了？後來才知道因爲是眞人實證，而且在亞馬遜上得到好評，以及書名本身就還滿務實的（賺到三千萬），當然要拜讀一下。拿到手稿時，原本以爲應該是很厚的書，還寫信跟編輯確認，結果沒錯，就是四、五萬字的輕鬆篇幅，這樣更引起我的興趣了。

什麼樣的書，可以突破從二〇〇七年《祕密》出版後開始流行了八年多的百「書」爭鳴重圍？才剛看到前言就會心一笑了，這有點像我們用大白話

寫的銷售長文案，不只是作者的口吻很像坐在你面前講話，而且他也算是很誠實中肯地告訴大家，他所講的不是一般常會看到的詞，什麼「新的」「更好的方法」「未知祕方」等。那就更吊人胃口了，到底這位仁兄要講的是什麼？

接著，他提到發現所讀的一大堆書籍、課程，其實眞的只需要兩、三本書就好。我又會心地一笑，想說內行人會認同，但出版社要怎麼生存？（好在我們翻譯的《失落的致富經典》也是他推薦的前三本書之一。）

記得大四要先放棄國貿雙修，背水一戰甄試英語教學研究，才能趕在四年畢業時，有位老師曾經跟我分享教戰守則：每一科只要專精念兩本經典的教科書就夠。那時甄試只要考兩科，在沒有補習的狀況下，我卯起來自修四本，然後幸運地成爲五個幸運兒之一。所以，我完全能理解作者說的，需要學習的一切，在你讀的那前幾本書裡都寫了。

那，還要更多的書幹麼？甚至是他現在的這本書！後來看到他的承諾，覺得滿佩服他的勇氣：「讀完這本書，我再也不需要其他書來教我如何運用吸引力法則，創造自己眞心渴望的人生了！」我相信這也是很多寫這類主題的作者之心聲。

就像坐在咖啡廳跟好友聊天，他的故事會讓人想繼續看下去，知道他到底是如何用吸引力法則賺到那三千萬的，因爲對現在的小資族或剛接觸吸引力法則的朋友來說，這也算是一個很有感的數字了（至少對我個人而言，是可以買到快兩棟我現在住的房子的數字）。而且，我現在對於「能活用內在法則，在外在世界有一定財富成績」的書特別感興趣，因爲這樣的能量才算是眞的平衡。

加上他像是做重點整理一樣，把這八年間流行過的潛能開發、個人成長、靈性學習資訊按主題歸納、去蕪存菁整理了一番，再穿插自己因爲太太懷孕，需要正視人生現實，於是運用觀想得到交易員一職的故事，讓我覺得，這是許多看了《祕密》後蒐集很多這類書籍和課程的「松果」，但在財務或金錢上還是處於茫然狀態的人，很值得投資時間看，而且會聽到眞話的一本書。

# 〈前言〉為你而寫的吸引力法則總整理

大多數人不相信他們能掌控自己的人生。終其一生，他們只是狀況來了就反應，卻沒發覺造成這些狀況的原因是他們自己。以前我也是這種人，但我已經變得不一樣了。這本書是為你而寫，希望你也能變得不一樣——只要你選擇改變。

沒錯，這又是一本教你怎麼做的書，又是一本自我成長書，另一本講吸引力法則的書。這本書還大言不慚地宣稱：你可以賺到不只一百萬美元（也就是超過新台幣三千萬）！

我知道你在想什麼：這個人肯定在開玩笑！

然而，本書不是只談賺大錢這件事，而是讓人生真正改變。

你是不是已經厭煩老是看到又有吸引力法則的**新**書上市或**新**課程推出，說他們握有獲得財富、健康與幸福的祕方？有的更厲害，誇說他們知道**新**方法或**更好的**方法，可以讓吸引力法則在你身上應驗！

你嘛幫幫忙！

這本書的原文書名，直譯的意思是：「我如何運用吸引力法則賺到超過一百萬美元：關於吸引力法則與自我成長的書，這是你這輩子所需的最後一本」。我之所以取這樣的書名，有三個理由：

❶我需要它能吸睛！

❷我希望各位明白**這並非不可能的任務**！我敢這樣說，是因爲這東西對我有用，所以我決定把它傳授給需要幫助的人。

❸這不是「新」招或「更好」的方法，也不是什麼「祕方」。

簡言之，本書以簡明實在的方式，蒐羅整合吸引力法則及自我成長的基本原則與技巧。本書適合的讀者，既是那些對於如何創造自己想要的一切毫無經驗的人，也是那些對此經驗豐富的人。說得明確一點，本書是寫給那些買過不只一本這類書籍的人；說得再明確一點，是要給那些買了很多相關的紙本書和有聲書、上過課、參加過工作坊的人——那些不斷尋找「某樣東西」、尋找「祕藏之寶」、尋找「聖杯」的人。永不止息的追尋啊！

曾經，我也是其中之一。

然而，某天我忽然「啊哈！」地頓悟了。

坦白講，我讀過幾十本吸引力法則書、幾十本自我成長書，聽過幾百片有聲書光碟，也上過課、參加過工作坊；可以說，我整個人就泡在自我成長與吸引力法則裡。

結果怎麼著？

那些東西如果好好運用，還眞的有效！但是，我領悟到兩件非常重要的事：

❶很多人並未得到那些書或課程承諾他們能夠獲得的結果。

❷那一大堆書、光碟和課程，我並非全都需要。相信我，那些都很棒、很鼓舞人心，但也毫無必要。我其實只需要兩、三本書，就這樣！

我啊，總算明白了，跟這個主題有關的種種素材，以及那些作者、書商等，賣的全是一樣的東西！沒錯，每一本書的用詞可能有些差異，這位作者的寫作風格可能比那位作者多了點新意，但運用吸引力法則讓你美夢成眞的技巧，基本上都是一樣的！

無論是拿破崙．希爾的《思考致富》、華勒思．華特斯的《失落的致富經典》、查爾斯．哈尼爾的《財富金鑰》、朗達．拜恩的《祕密》、希克斯夫婦的眾多著作（「亞伯拉罕」系列作品），或是安東尼．羅賓、T．哈福．

艾克、傑克・坎菲爾、喬・維泰利、偉恩・戴爾等人寫的書，不勝枚舉。

這些書我全讀過了。現在，由我來爲各位總結三大心得：

❶它們本本精采、鼓舞人心，而且很有幫助，令我愛不釋手。

❷只要正確運用，書中資訊確實有效。

❸基本上，它們講的都是同一件事！

重點來了：如果光是上述作者所寫的書，你已經讀過不只一本，那就夠你用了。我猜，那些作者說可以用來創造你值得擁有的精采人生的種種技巧，你還沒付諸實行。

假如我去買了、也讀了一本書，然後是另一本，再另一本，而那些書明明白白都是要人去做同一件事，那麼，答案很簡單：它們說什麼就**完全照做**，堅信不疑地照著做，便能成功！然而，大多數人（包括我在內）依舊持續在尋找那只聖杯。

該停止追尋了。就是現在！

讓我以個人經驗與知識告訴各位，我是怎麼讓它在我身上應驗的！

這本書沒有新東西！

沒有人可以提供新東西！

別再尋找新東西了，因爲根本沒有！

數十年來在少數有幸成功者身上行得通的，現在還是行得通，未來也是。沒有祕密，沒有神奇咒語，沒有玄祕的冥想技巧，想要成功、有錢、快樂、健康、富足所須學習的一切，都在你讀的那第一本書裡了——以及第三本、第七本、第九十九本。

**是你自己選擇不按照書中指示去做的**。你以爲你需要更多資訊，爲什麼呢？我猜是因爲你多少有些抗拒。也許是恐懼，也許是懷疑，也許你覺得這美好得不像眞的。

不過你知道嗎？這是眞的！

我想幫助你，我在這方面已大有斬獲。請運用這本薄薄的書，它彙整了非常實在的原則、說明與練習，如果好好照著做，將能一勞永逸地幫助你實現所有夢想！

就拿出信心一搏吧，給自己這個承諾：

「讀完這本書，我再也不需要其他書來教我如何運用吸引力法則，創造自己眞心渴望的人生了！」

# 第 1 章
# 我靠吸引力法則賺到三千萬

倘若我一開始就認真實踐，最初買的書與有聲教材其實就夠了。結果，我卻選擇光是讀與聽，從中擷取一、兩點來用，然後就去看下一本書。要是從第一天就依照書裡提到的去做，我知道我會更早實現所求，也不會有那麼多曲折的劇情。

我想，的確該讓各位對我這個人，以及我一路走來的心路歷程有一些了解，包括我在自我成長、吸引力與創造法則，以及個人成就上的成功與失敗（其實我不覺得自己有過任何失敗經驗，那些只是教訓與障礙罷了）。這一章讀一次就好，不像本書其他章節，你將來會需要再回去參考。我只是要加深各位的印象，讓大家知道只要確實執行本書所說的一切，眞的可以順利收效。

## 致富的企圖被引爆

到二十出頭爲止，我一直過著很平凡的人生，念高中、談戀愛、學開車，沒做過什麼瘋狂的事。高中畢業後，我選擇不念大學，而是進入職場。做過幾份工作，沒什麼値得一提的。我記得擔任過倉管副理，工作很無聊，而且還賴在老家跟爸媽一起住。我沒什麼願望，只除了衷心渴望將來可以變有錢。對於致富，我充滿熱切渴望；但對於如何致富，我毫無頭緒，也不認爲上大學就行了。不過，我倒是有那麼一點企圖心。

然而，這企圖心在某天晚上看電視時突然大爆發。我偶然看到一個教人投資房地產賺大錢的資訊型廣告節目，熱血沸騰。電視上那個人大談買屋「不必付頭期款」，教人打造房地產帝國，變成大富翁。

於是，我下單買了他的教材。

接著，我去圖書館閱讀房地產相關書籍、購買有聲教學、去上課，甚至兼職做房地產仲介，完全沉浸在自己可能成爲下一個地產大亨唐納·川普的盼望裡！

我沒買下任何房地產。

我當房仲只談成一筆很小的交易。

我沒有眞正賺到什麼錢。

不過，確實發生了兩件事：

❶在搜尋房地產相關知識時，我偶然看到一個資訊型廣告節目，眞正帶領我走上自我成長，以及後來的吸引力法則之路。那個節目介紹的是安東尼．羅賓的《激發個人潛能》教材，這是我接觸過的所有教材的第一套。

❷還在做房仲時，我遇到一位想買百萬豪宅的客戶。他很年輕，年紀跟我差不多，而且非常有錢。他跟我一樣沒上過大學，卻靠著股票經紀工作賺進七位數美元的收入。我的態度與銷售風格讓他留下頗爲深刻的印象，結果他竟然推薦我去當股票經紀人！

我怎麼有辦法做股票經紀？我對股市根本一點都不懂，一竅不通啊！但是，聽過安東尼．羅賓的有聲教學……嗯，大約連續十遍之後，我備受鼓舞，於是決定：就試一試吧！

## 你得提出好問題

暫且把我的故事擱到一邊，客觀地來看看發生了什麼事。

我從事一份沒前途的工作，卻對致富有無限的熱情。宇宙（這是我對萬物創造者的稱呼）以其複雜深奧的方式，一步一步將我曾向它祈求的事物都賜予我。我請求以盡可能簡單的方式變得「富有」，只是我當時尚未明瞭。雖然還沒變有錢，但那些點子、靈感、我持續遇到的人，以及種種巧合……所有條件一一到位。如果當時我對吸引力／創造（我認爲那是一種創造）法則有更深的認識，就能創造出自己想要的一切了。我未能看清楚，也沒有明確的致富之道，但我已經逐漸獲得致富所需的事物。達到我想要的最終結果的每一項必要條件，宇宙都已提供。

回到我的故事。

於是，我開始從事股票經紀。從一九九三年至一九九九年，爲了成功，能做的我全做了！

那麼，我賺了多少錢？

少之又少。

結果，經過六個月的密集訓練，我發現自己眞的很討厭這份工作。相當長的工時，一再打電話找人買股票，不斷遭到拒絕……太苦了！尤其，它並沒有眞正幫人賺到錢（這一行讓我最難接受的就是這一點，但最終會帶領我走到另一個頓悟時刻）。那麼，爲何我不放棄？最大的原因在於：我周遭都是領六位數美元薪水的年輕人……月薪喔！說什麼我也要繼續試下去。

所以，經過了一段時間，加上十足的毅力，我開始獲得一點成功——我所謂的「一點」，其實是「很小」。不過，我堅持下去，勤奮努力，並且一直在聽安東尼．羅賓的《激發個人潛能》教材，一遍又一遍。我不斷地聽，卻始終沒有去實踐他教的東西。我想那教材的內容是激勵了我，但我並未花時間照著他的話去做。

總之，當時我沒能明白這一點，但現在知道，如果你眞的很不喜歡自己正在做的工作或事業，恐怕就不會在這上頭發達。這是安東尼．羅賓激勵學的第一課。因此，在他整套教材中，我挑了其中一項簡單的技巧來用，從此讓我的人生徹底翻轉，但不是以我原本預期的方式。

安東尼．羅賓在教材中重複強調：「向宇宙提出要求時，必須具體、明確。要提出好問題！」

過去我一直自問：「要如何在我討厭的事情上賺大錢？」

後來我把問題改成：**「要如何在我的事業上致富，並享受這個過程？」**

兩者的差別多大啊！從那一刻起，每次在事業上有所掙扎時，我都會用這個問題問自己。答案是什麼我不知道，但還滿期待的——懷抱希望，非常正面地期待著。然後，我得到了我所求的，但這一次也不是我預期的那樣。我之所以第二次這樣說，是因爲我**以爲**自己會以股票經紀人的身分飛黃騰達，結果這份爲期六年的工作，只是我邁向成功途中的休息站罷了。

## 令我震驚的做事方法

有天早上，我剛展開一天的工作，一位新的股票經紀人來上班，就坐在我隔壁桌。他儀容整潔、西裝筆挺，看起來就像典型的富有成功人士。我們向彼此自我介紹，然後準備開始工作。我第一步就是拿起電話開發新客戶，跟辦公室裡其他經紀人一樣。

但這位新人做的事卻不同。

他坐在位子上讀起報紙來。大約一小時後，他拿起話筒，開始打給客戶，一通接著一通，帶著高度熱忱對每位客戶說，他發現一個非常好的投資成長機會，如果他們肯投資，說不定能大賺一筆。

他就這樣做了好一會兒——講電話，寫買進單，打電話跟交易部門下單……然後就賺到白花花的佣金了！到了那天的工作結束時，他輕輕鬆鬆賺進至少一萬美元的佣金！

我的好奇心整個被挑起。

他只是看看報紙、打打電話，就賺到錢了！我從沒見過哪個股票經紀人是這樣做事的。

別人教我的做法，是去開發客戶，等累積到一定的客戶量，再強迫推銷他們買進公司推薦的股票。

就是一直這樣做。不幸的是，公司推薦的股票很少靈光的，因此股票經紀人很難與客戶維持良好關係，但那又是另一回事了。

這位股票經紀印鈔機下班前，看著我說：「如果你想幫客戶賺到一點錢，就別買『自家推薦』的股票……看看這一支，我覺得應該會表現不錯。」

他邊說邊把他的報紙往我桌上一丟就走了，報紙上滿是這名新人的注記與畫線。那份報紙我以前從未看過，叫作《投資人商業日報》。

信不信由你，從那一刻起，我的人生永遠改變了！

簡言之，《投資人商業日報》的訴求是幫助投資人或交易員選股，而不像《華爾街日報》或《巴倫週刊》是報導前一天的財經新聞。

我坐在那裡好幾小時，讀著這份教人選股的報紙。讀完之後，我靈機一動，發現自己將成爲一名很厲害的選股專家。「要幫人賺錢還不容易，」我心想，「而且還能替自己賺到佣金！」

## 偶遇我的第一本吸引力法則書

接下來我用幾個星期、乃至幾個月的時間，閱讀所有我能找到跟選股、圖表分析、公司基本面有關的東西。照理說，證券經紀商應該會教新進人員這些事，但他們唯一教你的，只有怎麼推銷。

他們會說：「沒客戶就沒法買股票。」我同意是需要客戶，但也要試著幫他們賺到錢，對吧？可是站在公司的角度，「如果公司賺錢，經紀人賺錢，但客戶賠錢……至少有二比一，還不賴啊。」

因此他們不在乎。

但我在乎。

就在此時，我「意外」邂逅了我的第一本吸引力法則書。安東尼．羅賓雖然約略提到了吸引力法則，但他的教材是依據一種稱爲「神經語言程式學」的方法，主要是與神經處理過程、語言及透過經驗習得之行爲模式有關。他的教材很精采，儘管有些年代了，至今我仍會推薦給大家。

總之，我發現的第一本吸引力法則書是拿破崙．希爾的《思考致富》，安東尼．羅賓在其教材中將此書列爲必讀。我是在書店意外發現這本書的，當時想找的本來是「如何在股市致富」之類的書。

這本書讓我頗感興趣，尤其是提到**巧合**會出現在最恰當的時機那個部分。書上說明了如何運用心智創造財富、健康、快樂等成就，但該書眞正的重點放在致富。有錢人會比窮人有能力、也肯定要替人類做得更多。我買了這本書，並且做出決定：在繼續學習更多股市相關知識的同時，我要多加了解這個**創造過程**。

在這當口，我從事股票經紀賺的錢還是不多，但我知道，有生以來第一次這麼清楚地知道，此刻的努力將帶來日後的豐收，我就是能感覺到！不過，事情的結果不會如我原本想的那樣……宇宙自有其安排，比我計畫的更大、更好。

## 兩個掉到我腿上的巧合

幾個月過去了，我對自己的選股能力漸漸有了信心，於是開始嘗試說服新客戶購買我看中的股票。問題是，我無法眞正說動誰去買。偶爾有人點頭，但大多時候都被拒絕。我覺得自己快失敗了。（記住，沒有所謂的失敗，只是學到經驗！）

這一切的一切，都只是……胡說八道嗎？只是廢話？一派胡言？

我覺得好挫折。我漏掉了什麼？

我做了個深呼吸，記起安東尼．羅賓激勵學第一課……於是，我問自己一個更好的問題——其實，就是原本那個問題：「要如何在我的事業上致富，並享受這個過程？」但我不只問自己一、兩次，而是開始拿這問題鎮日自問，就像一個肯定句——這是我從《思考致富》學來的一項新技巧。我對這本書的態度就像對安東尼．羅賓的教材一樣，只取一小撮資訊來用，而未眞正徹底實踐書中的教誨。但提出了正確的問題，並以強大的**信念**專注於此，事情在這中間開始有了變化。

**相信**——創造未來最重要的一項特質，顯然就是要抱持信心，《思考致富》大力強調這一點。

開始進行這套新的「儀式」後，不出一星期，便發生了兩個非常值得注意的巧合：

❶另一本吸引力法則書，華勒思．華特斯的《失落的致富經典》，就這麼「掉到我腿上」。

❷突然冒出一個小小的個人退休金帳戶，是我以前做某份工作時開設的。我原本不曉得有這個帳戶能用，直到巧遇這份工作的老同事，聊起來才發現。他提到勞工對其退休金的運用有了更多的掌控權，我的腦子啪地靈光一閃！「我的個人退休金帳戶裡有錢嗎？我完全忘了這回事！」打了通電話詢問之後，我的財富馬上多了三千美元！我知道這數目不多，但剛好夠讓我可以開始自行買賣股票。

首先，我拿起《失落的致富經典》來讀，而且讀得很自在。這本書跟《思考致富》很像，但更爲簡明。我眞正吸收了這套簡單卻強大的系統，當時還不明瞭，這正是吸引力法則在發揮作用。

再來，我開始用自己帳戶裡微薄的錢買賣股票。區區三個月的股票交易，帳戶裡的錢就從起初的三千美元翻了六倍，變成一萬八千美元！我終於發現自己熱愛的事和天職了，我好興奮！

可惜，一路上還是有些小障礙，而我會很快帶過接下來的幾年（順遂的日子）。

## 不再當半吊子信徒

雖然我在證券經紀商工作，但公司主管不太高興我用自己的帳戶買賣股票，他們要的是佣金。此外，他們也不樂見辦公室的許多股票經紀人都向客戶推薦我選的股票，而不是公司的。

因此，我不得不離職，轉戰另一家券商，建立自己的交易帳戶，同時讓自己看起來像個積極進取、前程似錦的股票經紀人。事實上……我做不到把魚「賣」給飢腸轆轆的愛斯基摩人，但我懂得怎麼選股和交易。

接下來那幾年，我就這麼輾轉又換過三家證券經紀商，一有辦法就買股、賣股，靠股票賺到的錢生活。但因爲我得靠這些獲利過日子，戶頭裡的錢未能累積成大筆財富。

因此，一九九八年，我做了個艱難的決定：我決定離開經紀業，全職投入股市交易。爲此，我和太太把華廈房子賣掉，搬進她娘家地下室的公寓。由於裡頭還空出一間房，我便弄了個小辦公室來交易股票。賣屋所得讓我有大約四萬美元的本錢去投資，就這麼多了，那是我們的全部積蓄。

我開始做著自己夢想中的工作。起初，一切都很好，但我很快發現證券戶頭裡的錢還是不足以讓我變得富有。雖然有在賺錢，卻只夠餬口。由於我總是得領錢出來當生活費，帳戶數字自然不會成長。我覺得自己已經很接近夢想了，卻總是有障礙一個一個冒出來。我該怎麼辦？是漏掉了什麼嗎？

於是，我再次退一步看──提出更好的問題，就能得到更好的答案。「要如何成爲極其成功的股票交易員，並享受這個過程？」

我對自己提問，早也問，午也問，晚也問。有天晚上臨睡前，生平第一次，我的腦子裡眞眞切切閃現靈感：「也許，答案就在我那兩本書的其中一本裡，《失落的致富經典》或《思考致富》。」

我已經讀過這兩本書，也覺得備受鼓舞，卻從未乖乖照書裡的指示去做。我猜你可以說我只是「半吊子」地在使用這兩本書。

我決定（沒什麼特別理由，就是決定）：我要整個人沉浸在《思考致富》裡。不只是閱讀，而是吸收、汲取，並且實踐。我完全遵照作者的建議去做，而就像書裡說的，某個出乎意料卻令人振奮的巧合發生了。

有一本股市交易新書剛出版，我非常想買，於是，某個週六下午我便去書店再次尋找股市相關書籍（家裡已經有超過一百本了）。找到那本書後，我開始在書店隨意逛逛，然後發現自己逛到了自我成長書區，某本書書脊上的作者名字跳出來攫住我的注意力。夏克蒂．高文（Shakti Gawain），我心想：「這名字好怪！」於是拿起那本書——《每一天，都是全新的時刻》。約略翻讀之後，我看了看封底，頓時感到非常興奮，這似乎正是我需要的書。於是，我兩本都買了。

我開始運用《每一天，都是全新的時刻》書中所言，加上《思考致富》中類似的知識，一下子突飛猛進，而且超乎預期，直到今天我仍深受震撼。其基本前提是要去**觀想**，或者說**運用想像力**，來創造成果。**你要想像得如同你已經過著自己渴望的生活**，有點像把人生快轉到你想要的境地，或是你已經擁有想要的某樣事物的時刻。這本書的用字遣詞淺顯直白，讓人很容易讀通。我發現《思考致富》已經提過這個主題了，但該書的文字實在古老晦澀，以致我之前沒看懂拿破崙．希爾在說什麼。而且，這是我讀到第一本眞正暢談吸引力法則的書①。

## 在家辦公賺進六位數美元高薪

所以，我開始運用想像力，具體觀想自己是個超棒的交易員，我已經有錢得不得了，擁有夢想的房子、車子、豪華假期，應有盡有。我在臨睡前和剛醒來時運用這個觀想技巧，其關鍵在於以全然的、毫不動搖的**信心**，堅持自己渴望的最終結果——我選擇這麼做，管他天崩地裂也一樣！

過了大約一星期，宇宙對我耍了個「花招」。要知道，在運用吸引力法則及對結果抱持全然的信心上，最困難的部分是我們會想要**操控**事件與狀況，以實現目標。我們試圖操控路徑、方法、種種事物，以達成自己渴望的結果，但有時候（其實不只有時候），宇宙有更好的方法。當時也許看不出來是這樣，但結果永遠會是如此（我將在後面的某一章深入詳談設定願望後就隨順宇宙之流）。

總之，我對自己想要的狀況有一幅**願景**，並日日針對這幅願景靜心冥想。這樣做了大約一星期後，某一天，我太太看完醫生回家，告訴我她懷孕了，並要我找一份「眞正的工作」，放棄股市交易的「夢想」。大多數人知道有了小孩都會非常興奮，我心中有一部分也絕對是如此，但另一部分的我卻覺得彷彿掉進很深的洞裡，身邊既沒鏟子也沒梯子可以逃脫。

我不明白！也許是我搞錯了吧，這東西根本沒用！我簡直要氣炸了！

太太看出我憂喜參半，哭了起來，於是我控制自己的情緒，好好安慰她。我告訴她，我很開心，只是她宣布得太突然，我一下子反應不過來。我還對她說，爲了這個家，我願意做一切該做的事。

不過要怎麼做？我毫無頭緒！

所以首先，我想我應該放棄夢想，也許重操舊業去從事股票經紀或類似的工作。我沒發瘋，也沒傷心，只是認命。

我記得聽到消息那天是星期二，所以決定等到星期天就來看看報紙週日版的徵人廣告。接下來那五天，我繼續運用觀想技巧。我**選擇**不放棄。到了星期天，我走出去拿報紙，翻開徵人廣告版，發現有一大堆徵求股票經紀人的廣告，還有要徵保險業務員、共同基金銷售人員，以及**交易員**的……

什麼!?

報上刊了大約十則徵求交易員的廣告。我震驚不已，我甚至從不知道還有這種公司存在。那一刻，我感受到不可置信的充沛情感，交雜著快樂、困惑、寬心、興奮，以及……**可能性**！

就這麼剛好，有家交易商在距離我家十五分鐘車程處開了一間分公司，希望招募經驗老到的交易員，但也歡迎新手加入。眞是太巧了！我認爲自己大約介於老手與新手之間，便打了通電話，希望可以去面試，接下來的發展你應該猜得到。

他們打算雇用我。試用期六個月，頭三個月我得先學習並展現自己的技能；如果這三個月進展順利，後三個月就能拿到每週一千美元的「預付佣金」（每年五萬美元），這是從運用公司的錢賺得的利潤支取百分之四十。頭三個月一毛錢都賺不到，讓我有點緊張，但公司也沒要我自己掏錢放進戶頭裡，於是我選擇放下那點恐懼。

在我看來，這是很棒的機會。我仍然很想自己交易，也的確比較喜歡在家工作、做自己的事，但這個機會不容錯過。

三個月後，公司高層對我印象極好，於是我進入了第二階段的三個月試用期，做些小股交易，從坐我旁邊的幾個交易員那兒學到很多，也開始領到一些薪水。

三個月時間咻一下過去了，我愈做愈好。一九九九年十二月，試用期結束，我的表現很不錯，獲准「油門盡情催落去」！遵命！

那個十二月，我賺進的毛利比四萬八千美元還多一點！

接下來的十一年，我週週無虧損……從來沒有！我的平均收入穩坐六位數美元，紅利也有五至六位數之譜。

此外，由於這些年來科技進步，最近這六年我得以在家辦公。眞的是穿著睡衣在股票市場交易，還賺進六位數美元高薪！

通往我渴求的事物那條路並非筆直順遂，一直曲曲折折。然而，結果卻比我原先預期的更令人驚喜。

## 吸引力法則一直在我身上發揮作用

前面提過，宇宙也許在袖裡暗藏花招。我曾認爲，太太回家告知懷孕消息，並要我找份正職，代表我的夢想完了。但我對實現自己的渴望深具信心，結果，這件事反成了讓我達成自己渴求的事物「必經之路」。倘若當時我們不是有了小孩，我太太不會叫我去找份「眞正的工作」，我也不會爲了求職去看徵人廣告，後頭的事就不會發生了。

我當時選擇將它視爲**壞**事，認爲不是我要的那種，但我現在知道，那其實是最好的安排。事實上，回顧我每一次的失敗或「壞事」，其實都是好事。如今我明白（尤其在讀了那麼多這類主題的東西之後），吸引力法則一直在我身上發揮作用。我懷著正確的態度、信心與感恩堅持到底，儘管偶有疑慮與恐懼，我也選擇克服疑慮與恐懼，堅定地抱持信心。

後面會有一章談到相信/信心，你到時就知道，這也許比什麼都重要。

很快說一下，《失落的致富經典》《思考致富》《每一天，都是全新的時刻》這三本書，以及安東尼．羅賓的《激發個人潛能》有聲教材，是我這段旅程的起點。我在此並未提到我買過的其他成功學書籍、光碟、卡帶等，因爲情況在朋友借我朗達．拜恩製作的《祕密》影片之後明顯失控——我一直很愛買這類東西，但看完《祕密》後，我買的書與光碟大概暴增三倍。

然而，那並無必要。倘若我一開始就遵照書中指示認眞實踐，最初買的那三本書與有聲教材其實就夠了。結果，我卻選擇光是讀與聽，從每本書或教材中擷取一、兩點來用，然後就去看下一本。要是我從第一天就依照《思考致富》裡提到的去做，我知道我會更早實現所求，也不會有那麼多曲折的劇情。

回首邁向成功的旅程，當時我甚至不知道自己用的是吸引力法則。因此你可以想像，這套東西變成主流之後，讓我「啊哈！」的時刻可不少。

說到此，便要談談這本小書的精髓了。外頭類似的書很多，其中一些你可能已經有了。你是否曾**眞正按照其中的指示去做**？要知道，我不只相信這東西有用，我也是少數幾個你可以效法的成功案例，而不是讀讀就好。

我寫這本書便是爲此，而且傳達書中內容的方式就像你我正坐在我家客廳談天那樣，以白話向你說明。

我以前沒寫過書，這本書裡提到的作者我都不認識，也沒從誰那裡拿回扣。除了希望你能運用這本書裡的資訊，讓人生變得更美好之外，我沒有其他想法。我的目的只是想透過文字書寫，對他人的生活有所貢獻。

所以，這裡用上了對我有用的一切素材。所有我讀過、聽過、看過、用過的資訊，都以極爲簡要、實在的方式，透過這本書提供給你。

我最大的希望是各位能從中獲益，然後口耳相傳，告訴你的朋友、同事、家人、所有人，並且不必再買那些自我成長勵志書了！

這本書就是你所需的最後一本！

讓我們開始吧。

---

❶ 我是在買了《每一天，都是全新的時刻》這本書之後，才真正開始持續購買同類書籍、有聲書和教材等，因為這位作者提供的技巧讓我大為受用。我覺得外頭一定還有更棒的相關資訊，不過，我對你、也對自己坦白地說，我有這三本書就夠了！

# 第 2 章
# 有求必應的吸引力與創造法則

假設你正要烤蛋糕，需要特定材料來烤這塊蛋糕，還有必須遵守的特定步驟。吸引力法則也差不多：放進正確的材料，遵照食譜步驟，就能做出你想要的。

首先，講點基本的。你的思想會變成實物；你可以成爲、可以去做、可以擁有你渴望的一切；你的思想會吸引類似的想法、念頭、處境——這全是吸引力與創造法則使然。我將「吸引力」與「創造」放在一起，是因爲兩者可說是同一樣東西（爲了閱讀方便，接下來我會將「吸引力與創造法則」簡稱爲「吸引力法則」）。

## 簡單來說：你就是磁鐵

所有的創造皆由心智開始。如果想蓋（創造）一棟新房子，你首先必須想像這棟房子的大概模樣，然後透過吸引力法則，開始吸引更多與這棟房子有關的類似構想。你愈是專注，愈能持續吸引到更多關於這棟房子的想法與念頭（結構、大小、顏色等）。

你心中對這房子的想法具有某種頻率，如同廣播電台各有其頻率，當你調到某個電波頻率，就能收聽某電台的節目。所以，當你在心中調諧至某個特定頻率時，便能得到一個類似頻率的回應，這個頻率就叫振動，而宇宙中每一造物——固體、液體、氣體等——皆有自己的特定振動（後面會有一章專講振動，屆時我會詳加介紹）。

因此，**任何思想皆會吸引來相似的想法、畫面、念頭等**。不妨此刻就嘗試想著某樣事物，什麼都行：閉上眼睛，具體想像該事物，並讓那個念頭的畫面在你心中停留一會兒。請注意，你讓這畫面停留愈久，它就會開始在顏色、大小、形狀等方面變得逼眞、鮮明。

這些思想是能量，並且會吸引相似的能量。宇宙萬物皆由能量構成，將任何事物分解到它最純粹、最簡單的形態，即是能量。

有趣的是，宇宙萬物不僅僅是能量，若再將其分解到最最簡單的形態，則一切事物都是由「同樣的」能量構成：次原子粒子。

想像有樣東西很小。

非常小。

想像它小到只能從顯微鏡裡看到。

然後，想像它比那樣的小還要小、再更小……

說正經的，構成萬物的次原子粒子確確實實存在萬物之中；也就是說，構成你這個人的次原子粒子，同樣也構成你的車子、電腦、房子，以及空氣、飛機、土壤、岩石……嗯，你懂的，只是這些粒子在每個物體、氣體、液體中的組合方式不同罷了。

好，那麼這個事實要如何幫助我們得到自己想要的事物，例如有錢、健康又快樂的人生？我前面談到的，是量子物理學的基礎，而量子是能量，是砌出宇宙的基石，也是創造你渴求的一切的基礎。

從科學角度很快解釋一下：

由於宇宙就是我們所屬的無限智慧（我們都是這無限智慧不可分割的一

部分），能量的量子①會受心智影響；思想也是一種純粹能量。每當你看著某一「所有物」，例如房子、車子、電腦，那其實不過是能量——或者說「量子」——的某種排列，最終由心智的思想過程創造出來。如果非常靠近地檢視這些東西，便能清楚發現它們根本不是固體，而是由能量的量子組成，而這些量子以極高的速率在我們觀察的那樣物體裡裡外外振動、移動著。

我不打算深入探討這個主題。我承諾要寫一本簡明實在的書，我這人說話算話，但又覺得必須稍微提一下，因爲這很重要——這件事之所以重要，是因爲我們的心智、我們的思想，能夠控制「量子」。

要我證明這一點嗎？

我不會這麼做。

爲什麼？

你可以到圖書館去找任何一本量子物理學的書，或是上網搜尋「量子物理」或「量子力學」，答案都在那兒。網路上資訊可多了，你會找到你要的解答。

坦白說，沒必要去了解這東西爲何或如何運作。人類心智的力量遠遠超出任何人所能理解，雖然科學的確離「了解」比較近。

這本書不會教你種種「爲何」與「如何」，本書的目的是教讀者創造自己想要成爲、想要去做或想要擁有的一切，簡單、清楚、實在。那些科學與宗教的深奧道理，暫且擺到一邊吧。

好，那就繼續。

## 你想什麼，就會得到什麼

容我再次簡單地說：**思想就是實物**。

**我們運用心智去創造自己想要的事物**。如果你渴望成爲舞者，這個念頭就從你的心起步，你**看見**它，或觀想它。隨著這個念頭在你思想中停留，你開始更加聚焦其上，而它逐漸擴展，然後你開始吸引其他與舞蹈相關的想法。也許你會問自己問題，例如：「不知道在劇院裡跳舞會是怎樣？」或對自己說：「我喜歡在百老匯跳舞這個想法。」這樣的念頭吸引來其他相關的念頭，可能會將你推往學習舞蹈的方向，甚至推得更遠，讓你成爲專業舞者。這一切都從心智開始。

這適用於生活的各個層面。如果心中浮現某個構想或念頭，你通常會在心裡自問。例如，若你注意到自己餓了，可能會立刻自問：「我想吃什麼？」然後你心裡也許會冒出一片披薩；如果沒有其他念頭提出異議，你大概就會打電話訂披薩，或者開車去披薩店買來吃。

這是簡單的那一面：

你要求某樣東西。

你相信自己可以／應該／將會擁有它。

你採取必要行動以得到它。

太簡單了？好，讓我們進一步來看。

假設你想要變有錢，成爲百萬富翁，但你的年薪只有六萬美元……如果把賺到的每一分錢都存下來，你要花將近二十年才能賺到第一桶金。

不過，假如你在紙上寫下：「我要在兩年內賺到一百萬。我不確定這件事會如何發生，但我一定會做到！」會怎樣呢？你**感覺**到了，帶著**目標**、懷抱**信心**地感覺到了！

而且，你每天對自己陳述這段肯定聲明二至三次（關於肯定句，後面會再提到）。

至少，經過一段時日，該如何達成一百萬高標的想法會開始在你心中成形。是否付諸行動由你決定，但我想你懂的。

換句話說，吸引力法則就是：**你想什麼，就會得到什麼**。

但事實上，這樣還是太過簡單。

再來假設一下：你正要烤蛋糕，需要特定材料來烤這塊蛋糕，還有必須遵守的特定步驟。

吸引力法則也差不多：放進正確的材料，遵照食譜步驟，就能做出你想要的。

儘管不同的蛋糕食譜在材料上的確有些差異，基本蛋糕食譜還是適用的，而吸引力法則也一樣。它不是吸引力學說，也不是吸引力胡說，而是**法則**，吸引力法則。

事實上，接下來我打算用烘焙蛋糕來比喻吸引力法則。我將告訴各位：

❶你需要的器具

❷正確的材料（渴望、相信、感恩等）

❸將所有材料混合在一起的操作指示

每道料理的食譜內容略有差異，端看各人想要吃什麼，但基本材料永遠是那些。

真正的關鍵在於：**按照操作指示去做！**

我將以這種方式試著簡化心想事成的過程。

我衷心希望你可以成功，因此，愈簡單愈好。

現在來把材料放在一起吧！

---

❶量子是指一個不可分割的基本個體，例如「光的量子」是光的單位。

# 第 3 章
# 你真正的感受是超強發送器

如果你覺得生活糟透了，你傳送給宇宙的便是這種感受，然後它會把糟透了的事物回傳給你；假如你覺得人生充滿很棒的機會，它也將回傳很棒的機會給你。宇宙精確地與我們的存在狀態調和、共鳴。

首先，我們需要一只好的攪拌碗來放入材料。如果要烤蛋糕，你當然想用一只乾淨的好碗，而不是骯髒或有破損的碗。在此，我指的是：**你感覺怎麼樣**？以吸引力法則的用語來說就是：**你的振動如何？你的存在狀態爲何**？

我在前一章提過「振動」。宇宙萬物並非靜止不動，而是一直在振動、移動。一切事物都有自己獨特的頻率，每樣事物都有。

你也是！

讓我們退後一步來看……

量子物理學告訴我們，宇宙萬物最簡單的形態——即次原子粒子——是能量。存在的所有事物都有其獨特能量，而該能量以某種獨一無二的特定頻率振動。若在心中專注於某樣事物夠久，它便成爲主要的思想，然後我們會將那個想法的振動向外散發到宇宙中，接著宇宙會透過吸引力法則，把相似的振動送回來給我們。**吸引力法則說：同類相吸**。顚撲不破，簡單明瞭。

呃，眞的簡單嗎？

無論何時，你與其他所有事物都在振動，而決定你振動速率的，是你的情緒狀態——你的存在。

存在狀態會引發思想。所以，如果你覺得快樂，如果你是快樂的，那麼你的所思所想也會是快樂的。你會顯化出快樂，快樂是你的**存在狀態**。

當你是富裕的，你會想著富裕的念頭、會顯化出富裕，你的振動傳達出的便是**富裕的狀態**。

## 想吸引美好的事物，要先有美好的感覺

你現在如何振動？

你現在**處於怎樣的狀態**？

如果你處於不快樂的狀態，便很難在你的物質實相中顯化出快樂或美好

的事物。你怎麼可能做得到？假設你想要顯化一百萬美元，你覺得你應該快樂或不快樂？我敢打賭，不快樂無法將一百萬帶來給你。

換個方式說好了。如果明天一百萬美元就這麼「掉到你腿上」，你是會快樂或不快樂？假設你會覺得快樂，你也會感到富有。你會**是富有的**、**是快樂的**。

這裡的關鍵在於：**若要吸引能讓你快樂的財富，你必須先產生那樣的感受！**你得在尚未獲得那筆財富「之前」，就在心裡看到它，並看見它會帶給你的感受。也許你只是還沒意識到，也許它一直在你的潛意識裡。

這似乎很複雜，但其實不會。好，假如我問你，大致而言，你每天的心情如何，你可能會回答：「我覺得還不錯。」這就是你的**存在狀態**，你的基本「振動」。而基本上，你將吸引更多「還不錯」的事物到你的生命中。

如果你拿同樣的問題問我，我可能會說：「我每天都覺得棒透了！」我的**存在狀態**是棒透了，我將吸引「棒透了」的事物進入我的生命中！

如果你大部分時間都覺得「還不錯」，而我大部分時間都覺得「棒透了」，我們兩個誰比較有機會將「眞正的好事」吸引到自己的生命裡？這不是比賽，我只是想藉此證明一個觀點。

宇宙精確地與我們大致的存在狀態（亦即我們的振動方式）調和、共鳴。如果你覺得生活糟透了，你傳送給宇宙的便是這種感受，然後它會把糟透了的事物回傳給你；假如你覺得人生充滿很棒的機會，你便把這樣的感受傳送給宇宙，於是它也將回傳很棒的機會給你。

從你的感受可以測出你會吸引到什麼。**保持美好的感覺，就能吸引美好的事物。**

## 你有能力控制自己的感覺

簡單說明何謂「存在狀態」之後，容我再問一次：你現在如何振動？你現在處於怎樣的狀態？

顯然，控制或引導自己的想法和感覺是非常重要的，所以我會挪一小塊空間來談這件事。我將在第七章說明如何藉由肯定句及提問——你的內在話語——控制自己的想法與感覺。

## 選擇此刻就感覺美好

你的想法和感覺分成這兩種：

❖正面的：愛、豐足、喜悅、繁盛、自由、安全、感恩、勇氣、信心

❖負面的：恨、憎惡、嫉羨、嫉妒、憤世嫉俗、失望、匱乏、恐懼

這兩種都能再列出更多，但我們還是簡單就好。

現在，問問自己：「平日盤據我心頭的想法與感覺是哪些？」要對自己

誠實。

如果你的答案屬於正面的想法和感受，就走對方向了；如果是負面的……請務必改變！就這麼簡單。

如何改變？

第一步：做出決定。

然後，採取一些行動。想要讓自己的存在狀態從負面轉爲正面，可採取的行動多如繁星。有些意志力特別強的人可以就這麼決定採取行動，而且有用。

到了人生這個階段，我已經能做到這一點。倘若我覺得有些沮喪，想要改變自己的狀態，就會對自己說：「我選擇在此刻感覺美好！」一遍又一遍地說。在我重複說這句話時，充滿美好感受的念頭往往就會進入心中。通常我是看見自己生命中重要的人微笑或大笑，但光是想著非常正面的事物，例如一段美好的假期、悅耳動聽的音樂，也會有同樣的效果。

直到正面想法的動能使我心情確實變好之前，我會一直這樣做。換言之，**只是想著你眞正渴望的事物與生活中可以讓你有美好感受的事，就能改變你的存在狀態**。

但是，要改變你的狀態，還有更簡單的方法。

## 改變身體動作，可以立刻改變你的情緒

想要改變自己的狀態，最好也最容易的行動之一，就是從**生理**上改變。我無意給大家上健康教育課，但如果練熟這項簡單技巧，可以幫助你改變人生。好好利用自己的身體，什麼都有可能改變。這需要一些練習，但不必費力，也非常容易。

讓我用白話簡單說明一下：

**想要輕鬆快速地讓自己的狀態從沮喪變爲開心，就改變你身體的動作、姿勢或表情**，因爲身體往往會描繪出我們內在的感受。

舉例來說，你可能會注意到，大部分參加喪禮的人都垂著頭、皺著眉，看起來十分消沉，有些人甚至流淚哭泣。光是觀察這些人的身體，就能知道他們有何感受——悲傷、悽愴。相反地，如果去看棒球比賽，主場球隊的某位球員擊出全壘打，你會看見許多人站得筆直，臉上掛著笑容，高聲歡呼。同樣地，他們的身體也說明了一切。

改變你的生理狀態，或者說改變你身體的動作、姿勢或表情，便能立刻改變你的情緒、你的振動、你的存在狀態。

接下來，我要提供幾項練習。

## 這些動作讓你心情立刻Up！

❶ 挺胸站好，臉上露出一個大大的笑容，然後問自己：「我要如何在此刻就感覺美好？」請帶著情感連續說二十遍。沒錯，你

看起來很呆，那又怎樣？你比較想帶著好感覺過一整天，還是壞感覺？

❷ 對著鏡子微笑，不要停。想著某件很好笑的事，如果一時想不起來，就要有所準備。心情低落時可以看看YouTube上的趣味影片，或是電視播出的喜劇。

❸ 在脖子上綁條毛巾或毯子，在家裡走來走去，假裝自己是超人。嘿，說不定你小時候就這麼做過，當時覺得滿好玩的，不是嗎？那麼，現在何不也試試？要是鄰居從窗戶看到你，那就更棒了，想像你之後的狀態會有多好！

我想你大概知道方向了。讓臉上漾起微笑，接著，我要你一邊保持微笑，一邊試著感覺心情很差，傷心、難過——幾乎辦不到吧？如果讓身體處於正面的存在狀態，想要覺得消極、負面，簡直不可能。

請持續練習，直到這變成你的習慣。

什麼道理？

簡單地說，你感覺愈好，你的振動頻率就愈高，而這會把你帶入更加快樂的存在狀態，也因此讓你吸引更多美好的事物進入你的生命。這樣的狀況愈常發生，你就會開始累積動能；而累積的正向動能愈多，這整件事就變得愈來愈容易，最後你會自然而然擁有良好的心態。

你將**是**快樂的！

做到這一點，其他的一切都將水到渠成。抱持正面態度，處於快樂的狀態，想要顯化你的渴望就會容易許多。

還有其他可以改變自身狀態的做法。我提到的方法非常有效，而後面會有一章介紹其他方法，但我覺得那些方法適用於改變特定狀態，此處所列的則是要讓你在一般意義上感覺變好。

好，我們已經介紹了需要用到的器具：**你必須有好感覺**。

透過以正向、感覺良好的方式「振動」，透過正面思考或以正面的方式運用你的「生理」，你將擁有正面的「存在」狀態。

換句話說，**你就是那只攪拌碗**。讓自己處於堅強、正面、感覺良好的狀態之後，就準備開始加入材料囉！

請記住，你的感覺愈好，這一切就會愈稱心、愈容易。你認爲一個非常富有而快樂的人，對人生的看法會是正面的，還是負面的？相信你知道答案，所以，請表現得好像你就是那個人。

選擇讓自己眞正感覺美好！

要快樂！

# 第 4 章
# 材料一：熱切的渴望

吸引力法則創造過程需要的第一項材料，是擁有經過深思熟慮的熱切渴望，而且你的渴望必須清楚、明確、具體。你愈是清楚自己想要的是什麼，宇宙愈容易回應你的呼求。

「渴望」是創造想要的人生所需的第一種材料——渴望更多、渴望更好、渴望有所不同。

你眞正渴求的是什麼？更好的工作、新房子、新車、更多朋友、身強體健、更有錢。

我假定你讀這本書的原因是以下兩者之一：

❶希望獲得啓發。

❷對生活中一個以上的領域不滿意，希望這本書能提供資訊，教你怎麼改變現況。

首先，我寫這本書不單單爲了啓發讀者，但我的確希望它對人有所啓發。

其次，如果你對生活有任何一點不滿，且讓我們稍微深入探究一番。

## 一定要在感覺很好的狀態

你渴望改變某件事，或使某樣事物在你的人生中顯化——也許是財富，也許是健康，也許，是愛？

我要你現在就明白，無論你渴求什麼，絕對有可能實現，完全不要懷疑！你的渴望有多強烈、多強大？你只是隨便想要某樣東西，或者有強烈的渴望？

是「我想要一輛新車」那種？

或是：「我想到開著一輛車身深藍色、座椅染色皮革內裝、採用V8渦輪引擎的全新 BMW 550i 轎車，就覺得好開心。我完全可以看見自己在和煦的春日裡開車徜徉在公路上，音響流洩出我最喜歡的音樂，感覺棒透了。我愛這輛車！」

人有需求、有願望，還有一種是**熱切的渴望**。眞正熱切的渴望爆發出來，就變成你內心濃烈正向的情緒。你在對自己說：「這是一定要的！我必須擁有它！我必須這麼做。儘管我的生活已經很美好，如果可以得到ＸＸＸ，我的人生更是會好上許多倍！」

我在這裡想指出的是你的**情緒**在吸引力法則中扮演的角色。如果想在生命中顯化某樣事物，首先必須有強烈、激昂的情緒，熱切的渴望。你得真正感受到它！

所以，假如你想著要得到那輛新車，是否應該就想著那輛車，然後它便會顯化？

是，也不是。

你的情緒狀態如何？想到擁有那輛車，你有什麼感受？**你必須清楚地「感覺到」**。這意思是，你需要有明確的想法、明確的情緒。當然，你對那輛車的種種情緒應該是正面的——快樂、興奮、喜悅、覺得自己很成功。

你的「振動」如何？記得我們在前一章提到的振動與存在狀態嗎？對渴

望而言，你的情緒狀態，或者說你的振動或存在狀態，是非常重要的。**一定要感覺很好**！想到擁有那輛嶄新的好車，你很高興，但想到保險費率不低就很討厭，因此，你並未眞正處於顯化那輛車的「高頻振動」中。聽懂了嗎？你對這個想法還有一些抗拒。

一定要感覺很好！

快樂、喜悅、信心、愛與豐盛——無論你想要的是什麼，你的渴望是否帶來這些感受？還是說，你容許自己目前的處境掌管一切？你覺得擔憂或恐懼嗎？

這就叫作「過著預設的人生」。**你並非有意識地嘗試去做任何事，而只是被動地對發生在周遭的事「做出反應」**。所以，如果你在開車，看見一場車禍，可能會因爲看到撞車而難過。由於看見一場車禍意外，你發出了難過的振動。沉重的負面情緒在你心中不斷上演，如果聚焦在這些想法和情緒上的時間夠久，有一天，你就會吸引來一場車禍，並顯化於你的現實人生中。

所以我才會用一整章來談振動。你的存在狀態爲何？你快樂嗎？要選擇處於快樂的狀態。你富有嗎？要處於富有的狀態。你是否感受到愛？要處於充滿愛的狀態。

## 壞事是你創造出來的

來看看我所謂「吸引力法則的醜陋面」。

你是否曾得到某樣你不想要的東西，或有衰事發生在你身上？例如，你曾經被開除嗎？（若沒有，也請捧個場繼續看下去。）你可能不希望發生這種事，但你的確在自己的人生中創造了這樣的狀況。

什麼!?

我知道這很難接受，但**如果你曾經想保住工作卻被開除，你才是那個創造出這種狀況的元凶**。

一切源自你的心智，然後你的情緒也進來湊一腳。

用大白話來說就是：你怕丟了工作。對工作不保的恐懼，時不時帶來工作可能不保的念頭，亦即發生此事的「振動」。你的情緒使那個振動更強，於是招致更多恐懼，這又帶來更多工作不保的念頭與感覺。接著，潛意識裡「丟了工作」的振動便與恐懼聯手，讓「丟了工作」一事顯化出來。

我不敢相信有那麼多人曾經對自己和他人說「我怕自己會被開除或解雇」，然後在幾星期或幾個月後看著這件事發生。**若你想著並感覺到，你就會得到！**

也許你當初並不「渴求」這種結果，但宇宙聽到的是你的振動與情緒，而且總是會提供給你，毫無例外！若你一直把焦點放在某樣事物上，尤其又抱著強烈的情緒，那麼，你就會得到。

## 渴望愈清楚明確，就會愈快實現

現在回頭來談渴望。

如果你真的想要某樣事物，並有強烈的渴望，再加上熱切的正面情緒，以及信心，那麼這份渴望，或某樣更美好的東西，遲早會來到你身邊——金錢、伴侶、電腦、生意、假期、慈善捐款、良好的健康，任何你想要的事物。**吸引力法則創造過程需要的第一項材料，是擁有經過深思熟慮的熱切渴望**。此外，關於渴望，還有一點要提一下……

**你的渴望必須清楚、明確、具體**，這一點非常重要。你愈是清楚自己想要的是什麼，宇宙愈容易回應你的呼求。如果你讀了第一章，看過我的故事，就會注意到我有熱切的渴望，卻沒說清楚自己渴求些什麼。差別就在這裡了。

「我渴望擁有許多錢。」

或是：

「此刻我正在賺進一百萬美元，在未來十二個月內持續累積而得。我可以看見自己的人生，以及與我接觸的每個人的人生，都因這份財富的顯化而大大受益。我爲此感恩不已！」

如果你帶著困惑與不確定向宇宙提出要求，宇宙便會給你不清不楚的回應；如果你的要求很清楚，就會得到具體明確的回應。

只要提出一、兩個簡單的問題，就能把模糊變清楚：

「我爲什麼想要這筆財富，或這份工作，或這位伴侶？目的是什麼？」

這些問題能把原本那句「我渴望擁有許多錢」，變成「我渴望有一萬美元，好捐給兒童醫院，爲所有相關的人謀求最大的利益」。

**說得愈詳細，你的渴望就愈有可能且愈快顯化。**

這只是起點而已，我希望看完有關渴望的這一章後，你會很清楚該如何開始。

我真的希望你能成功做到，所以我要將全副意念灌注其中。

材料一：**熱切的渴望**。

接著，來談談第二項材料：相信。

這絕對是最重要的材料，重要到怎麼強調也不夠！

讓我們繼續看下去。

# 第 5 章
# 材料二：相信

想創造自己眞正想要且值得擁有的人生，你至少要相信那是可能的！假如你不認爲有其可能性，便完全不會發生。

創造你想要的人生，最重要的材料就是**相信**。沒有了相信，或信心、信任，這一切「對你」就不會有用！之所以說「對你」，是因爲吸引力法則一直都在運作，二十四小時、全年無休，隨時都在發揮作用！

來看看這本書誇張的原文書名（直譯）：「我如何運用吸引力法則賺到超過一百萬美元」。我相信很多人看到這樣的書名，心裡會想：「根本是瘋了吧！」

不過，眞是這樣嗎？

首先，這顆星球上有人在不到九十天內賺到超過一百萬美元嗎？當然有！如果換算爲年收入，不過就是每年四百萬美元。巴菲特、老虎伍茲、歐普拉等名人的收入有沒有這麼高？肯定有！

所以，如果世上最起碼有一個人可以賺到那麼多錢，就代表這是「有可能的」。假如一個人，或五個人，或一百人、一千人做得到，誰說你不可以？

要**相信**！

你可以選擇相信有此可能，也可以選擇相信不可能。我剛剛舉了幾個平常就賺這麼多錢的人爲例，便證明了這是有可能的。那麼，你相信它可能發生在你身上嗎？

我想你的回答是：不相信。如果你說相信，我會認爲你還搞不懂該怎麼做，所以，跟回答「不相信」沒什麼兩樣。我可以想像一大群人對自己說：「我要如何在三個月內賺到一百萬美元？三年也沒辦法啦！不可能的。」我也想像得到他們的語氣會很負面。

然而，假如你問自己：「我要如何在三個月，或六個月、十二個月之內，賺到一百萬美元，並眞正享受那個過程？」

或者：「我要如何在六個月內顯化出十萬美元，並眞正享受那個過程？」

或者：「我要如何在三個月內多賺五千美元，並眞正享受那個過程？」

你會如何答覆自己？**從你對自己說話與回答的方式——即你的內在話語——可以測出你是抱持正面或負面態度，以及你的信念。**

## 你要相信那是可能的

上述問題我之所以重複寫三遍，理由是：我不知道你個人對你認爲有可能的事，特別是可能發生在自己身上的事，抱持什麼樣的信念。但我敢打賭，你每往下唸一個問題，隨著金額愈來愈小，其內容也開始變得愈來愈可信了。我還敢再賭一次，你對第三個問題的答案，至少會是「也許吧」。

如果想創造自己眞正想要且值得擁有的人生，**你至少要相信那是可能的**！假如你不認爲有其可能性（我沒要你認爲「很可能」），便完全不會發生。

簡單吧？沒錯。

容易嗎？那就不見得了。

這適用於人生各個層面，健康、人際關係、事業發達、成功等。

但是，你**想要相信**！你想要更美好的人生，想要更有錢、更健康，想擁有圓滿和諧的人際關係，否則你不會翻開這本書來讀。

該怎麼做？

我將告訴你如何讓自己進入相信的狀態。是這樣的，你的信念來自以前的設定，也就是你在童年、青少年和青年時期無意識學到的種種——過去發生在你生命中，而你選擇（很可能是無意識地）去相信或不相信的事。

舉兩個例子：

❶有個六歲的小孩在屋子裡跑來跑去，不小心撞翻檯燈，檯燈摔破了。小孩的媽媽非常生氣，一怒之下就打這小孩的屁股，口中說著：「你這麻煩精，眞是個壞孩子！去房裡待著，不許出來！」這小孩可能比誰都尊敬、信任、相信這個人，她卻告訴這個孩子，他不乖，還讓他挨打、吃痛。

❷另一個小孩，也是六歲，在屋子裡跑來跑去，同樣不小心撞翻檯燈，

檯燈摔破了。小孩的媽媽來到孩子身邊，問他：「有沒有怎麼樣？別難過，大家偶爾都會犯錯。犯錯的時候（失敗時），我們就從中學習，並因此成長。那不過是一盞檯燈，要換新的並不難，沒關係的。」這小孩可能比誰都尊敬、信任、相信這個人，而她告訴這個孩子，偶爾犯錯沒關係，那些錯誤能幫助他學習與成長。

嗯，我們想想，這兩個小孩會從他們身處的相似情境中獲得什麼樣的無意識信念？應該很簡單吧，第一個小孩注定走向失敗與不快樂，第二個孩子則會在人生中一試再試，然後有一天會成功又快樂。第二個小孩不怕失敗，第一個孩子則因失敗而被訓了一頓。

雖然是簡化來說，但當他們繼續在人生道路上前進時，其信念將會吸引並顯化出更多類似的信念，因而加強心中那些信念，有點像骨牌效應或雪球效應。如果你在人生旅途中一直（無意識地）相信自己是個麻煩精或相信自己很壞，你很可能會過得很不順；反之亦然，假如你覺得自己很好，就能爲你帶來很美好的人生。

話說，**信念最棒的優點是：你可以改變它們**。有沒有聽過「過去不等於未來」這句話？

如果選擇不要相信某件事，你就**不必**非相信不可。選擇權在你，不是別人，不是過去發生的事！

## 從小事開始累積對「萬事皆有可能」的信心

記得我前面提到，你也許跟我、跟數不清的其他人很像，一直在買更多自我成長、吸引力法則、致富方法之類的書。我們都在尋找「聖杯」。**那聖杯，其實就是你自己的信念，你的「相信」**。相信對你而言什麼是有可能的。

相信這套程序可以、也將在你身上發揮作用。

相信吸引力與創造法則。

相信你創造了自己的實相。

相信宇宙愛你、支持你。

相信自己。

「相信」的美妙之處在於：什麼都有可能！

所以，你要如何將自己的種種信念轉變成堅定不移的信任與信心？

一次改變一些，如何？**先從很小的地方開始，然後，看到事情眞確發生，以此爲憑持續累積信心，直到你徹底相信萬事皆有可能，再也沒有什麼能阻擋你！**你主要的念頭，會是「相信」！這是正向動能！

那麼，如果你準備好了，我就來講我自己一個跟「相信」有關的小故事，告訴你我如何運用發生之事爲證據，累積巨大的動能。我會確切描述我做了什麼，並說明你要怎麼如法炮製。

## 我的心想事成小實驗：藍羽毛

第一次看到《祕密》影片時，我十分好奇，但又對這題材存疑；買了幾本不同作者寫的吸引力法則書之後，好奇心更強烈了。在那之前，我已經讀過非常多自我成長類的書，自覺對書裡講的東西算是很有心得。然而，吸引力法則這套理論眞是超出我原本相信的一切。

我創造了我的整個實相？

光用想的，我就能在生命中顯化任何事物？我可以理解，但不是從宗教或靈性的角度，而是比較基於科學（量子物理學），靈性則被邊緣化了……

我想，對於自己一直以來學到的那些東西，我很難接受它們更深層的意義。我猜，雖然我讀過的那許多教人藉由保持正向與快樂，有意識地創造成功的書，多少都有觸及吸引力法則，但其強大力量還是讓我十分懷疑和恐懼。

光想到生病這件事，我就可能，或者將會生病，這把我嚇壞了（一開始）！

也許我不願相信自己的心智有這麼大的力量，但如果我的心眞是如此有力量，我也明白驚人的潛能就在那兒。

我需要對自己證明吸引力法則這樣東西，我需要相信它確實有用，因爲如果眞的有效，我知道自己就得開始更深層地掌控思想的方向。這裡的基本道理是：假如負面思想幾乎一定會帶來負面結果，且反之亦然，那麼，好好引導自己思想的方向，便能招來美好的事物！但是，若一味被動地對負面事件或處境做出反應，可能導致負面思想與情緒，終至招來不幸！

好棒！也好慘！

我既興奮又害怕，但我了解到，如果這是無論怎樣、無論何時都會發揮作用的宇宙法則，我選擇接受，並運用它來幫助自己，但我需要一些證據。所以，我決定試著只用自己的心智顯化某樣事物，讓那些「令人愉快的巧合」發生。我不花錢、不採取任何實際行動去達成我想要的顯化，否則就違背這次實驗的目的了。我想要顯化我「相信」可能或將會發生的事，但那樣事物必須很不尋常，才能讓我相信這**並非巧合**。

信不信由你，爲了找看看有什麼好點子，我上網搜尋，心裡想著：「吸引什麼進入我的生命，可以讓我相信吸引力法則？」結果我看到某人的故事，他跟我一樣，也在尋求某種結果。（這是巧合嗎？）他試圖在生活中顯化一根藍色的羽毛，結果還眞的成功了。我決定也來試試。

想不起來有多少年沒見過藍色羽毛了，我連一根任何顏色的鳥羽毛都沒見過。是啦，鳥類我是常常見到，但不曾只看到一根羽毛，更別說是藍色的。此外，我也知道自己用不到藍色羽毛這種東西，所以不會有興趣去買或眞的做些什麼來得到它。

實驗正式展開！

首先，我寫下自己的渴望，這是讓潛意識準備就緒的好方法。我寫的是：「我很高興、也很感激有一根美麗的藍羽毛正爲了所有相關人士的最大利益，而以簡單輕鬆的方式，顯化於我的生命中。」

接下來幾天，早上我會早一點起床，閉著眼睛觀想一根藍羽毛。我看到它的形狀、顏色，感覺到它的觸感；我想像自己拿著羽毛輕觸脖子，然後因爲覺得癢而笑出來。透過想像，在我心中，我已經擁有了那根藍色羽毛。下午我會再次觀想，睡前還會再做一次。而一天之中，我偶爾會想到它，很隨意地想到，並總是讓這個念頭帶有正面感覺的能量。

這樣做了三天後，有些事情開始發生了……

首先，實驗的第三天，晚間我在電視上看到一則廣告，廣告的最後出現一根羽毛在空中飄啊飄。我心想：「嘿，這倒是有意思！」但覺得不過是個巧合。

再來，實驗的第四天，我人一直在外面，然後天空開始下起傾盆大雨。我跑進屋裡，看到兒子與女兒正在看電視播映的《阿甘正傳》。我進門時電影正好播到最後那一幕，一根羽毛在微風中飛揚。這次，我不再認爲只是巧合了。我心想：「這眞是有意思！」幾乎就像有人試著告訴我什麼似的（如同一種預感或強烈的直覺）。

第三，那天稍晚，我們邀請朋友來家裡吃晚餐。雨下了一整天，地面都是濕的。朋友抵達後，其中一位男士走進屋內，在寫著「歡迎光臨」的擦鞋墊上來回摩擦鞋底。我之所以記得這件事，是因爲他那樣子有點像卡通人物，滿好笑的。而他一離開擦鞋墊，我就看到了……那東西肯定一直黏在他的鞋底，摩擦時落到了墊子上——一大根羽毛！但不是藍色，而是灰色的。

我不知該做何想法。我想要顯化的是藍羽毛，照著自己讀過的書裡的指示去觀想，也看到了徵兆或巧合，顯示宇宙要把我所求的送來給我，然而，這不是我求的東西。是很接近了，嗯……我陷入沉思。

接下來兩天，我沒怎麼運用觀想技巧；就算有，也只是機械式地做，缺乏熱情。我的確有想到藍羽毛，它偶爾會躍上心頭。灰色羽毛出現後，我就沒看到什麼了，於是，我暫時忘了這一切，專心忙自己每天的那些事。

到了第六天，早晨六點半我起床，並**沒有**觀想羽毛。工作了大約四小時，我決定去理髮，於是走到屋外，打算開車去理髮店。進了車子，發動引擎，就在要倒車離開車道時，突然間，兩隻好大的冠藍鴉落在車子擋風玻璃上，像野貓般纏鬥扭打，互相啄擊，把我嚇壞了！我立刻想到按喇叭把牠們嚇跑，而聽到喇叭聲，牠們一驚，就飛走了。

然後，擋風玻璃上停著一樣東西，顏色鮮明美麗，有如萬里無雲的天空——那是一大根冠藍鴉的羽毛。也許你聽過「啊哈！」時刻、頓悟或量子跳躍（重大突破）之類的說法，這次輪到我了！之前我對吸引力法則就算有過一丁點兒懷疑，此刻也統統消失不見！

那根羽毛至今仍放在我桌上一個小相框裡，提醒我萬事皆有可能，給我信心、希望、信任，以及信念！

「藍羽毛」故事的重點是：它給了我夠有力的證據去相信。關鍵就在於**相信**。

我又做了更多類似的實驗，結果也相近。目的很簡單：我想繼續看到證據，證明這眞的有用。重複去做，便熟能生巧；重複發生，我的潛意識就被說服了。每一次看見吸引力法則有用的證據，我心裡就愈來愈相信。

此外，我決定開始寫「吸引力驗證日記」，記錄意念顯化的「證據」，多小都寫進去。我大力推薦你也這麼做。**看到愈多、記下愈多，你的信任就愈深刻，最後你會深深相信那眞的有其可能性**——不，不只是有可能，而是非常可能。這份相信會在你的潛意識裡生根。

所以，展開你的實驗吧。

先從小事開始：

試著運用想像力將某樣事物「觀想」進你的生命裡。把它寫下來，然後閉上眼，開始想像。

**那必須是你能夠相信的事物**，所以還是那句話：從小事開始，容易達成的事。

找一本記事本作爲驗證日記，把結果記錄下來。

後面會有一章談想像力及觀想技巧的運用。雖然都很簡單，但你必須熟練運用觀想——運用你的想像力——以創造你渴望的一切。

在此同時，不妨先想著某樣你想要的簡單事物，並相信它已經是你的了。

結果會讓你大吃一驚！

材料二：**相信**。

下一章要來談談第三項材料：帶著感恩允許與接收。

上路囉！

# 第 6 章
# 材料三：帶著感恩允許與接收

期待最好的，並對此覺得快樂、覺得感恩，然後，你就會允許你最深切的渴望進入自己的生命——這就是你接收渴求事物的方式。

首先，我們有了「渴望」——要求。

再來，我們有了「信念」——相信。

現在，我們則有「允許」——接收。

你帶著熱切的渴望向宇宙提出要求，然後運用想像力（觀想），相信自己已經擁有所求的事物。現在，你必須**接收**，必須**允許**它來到你的實際體驗中。

聽起來有夠簡單，但這裡正是許多人搞砸的地方。

爲什麼？

原因不只一個。也許他們不夠有耐心，也許信心少了一點，也許渴望沒那麼強烈；或者，也許他們太聚焦於**沒有**看見自己所求的東西化爲實物，這等於把注意力放在那樣東西的「匱乏」上。啊哈！

那正是你之所以不得所求的最大原因。耐心不足摻了一腳，導致你把焦點放在自己缺乏某樣事物。你的渴求顯化的速度沒你希望的那麼快。

如果你想像有一輛閃亮的新車停在你家車道上，你的渴望十分強烈，且持續運用想像力，但每次望向自家車道時，你都「注意」到那兒沒車……就算只是一下下。**你對「缺少新車」的注意，成了你向外傳播給宇宙的振動**，而宇宙也將你所求的——「缺少新車」——給你。你正在吸引「匱乏」。

這種情形十分常見，尤其在你第一次嘗試有意識地去創造時。

你覺得碰壁？覺得受阻？還是覺得不爽？

那，該怎麼辦？

記得我們說過的振動與存在狀態嗎？**一定要感覺很好**！

因此，請你加上一項材料：

**感恩**！

## 帶著感恩過生活，負面感受自然脫落

在已放入「渴望」與「相信」的攪拌碗裡添加「感恩」，至關重要。感恩是情緒排行榜冠軍，有點像是正面感受的集大成。事實上，少了感恩，你的存在狀態在某些層次上是不快樂的。

假如你感覺有自信，會覺得感恩！

假如你感覺到豐盛，會覺得感恩！

假如你感覺快樂，會覺得感恩！

你有在生活中實踐感恩嗎？你懂得感激嗎？想想你的振動如何。你有什麼感覺？

嗯，要是你的生活過得分外艱辛，恐怕很難覺得感恩。你也許失業，也許很貧困，於是你對自己說：「有什麼好感恩的！人生爛透了！」

然而，你可以藉由**找到一件覺得感激的小事**，來克服這些負面情緒，立即改變你的狀態，從悲傷、沮喪、擔憂，變成快樂、希望與愛。我總是建議大家先從改變生理狀態開始，因爲這很容易做到。如果你仍然覺得心存感激實在很難，還有很多方法。

就先從檢視你如何展開一天的生活開始吧。

早晨醒來時，你的第一個念頭或感覺是什麼？

可能是：「爲什麼我非得起床去上那個爛班？」

或者是：「今天早上我對生活中的什麼事感到快樂（感恩）？」

這兩個問題，哪一個可以帶來美好的想法與感覺，哪一個不能，我想答案很明顯。（你現在應該看得出來，我很愛叫人拿正確的問題捫心自問，這實在太重要了！）

不管目前處境如何，醒來後一天的開始是覺得感恩，而非感到不幸，很可能會吸引好事過來，並在生命中顯化——你對此也有同感，是吧？你不也同意我的看法，認爲自己實際上是有選擇權的？

你眞的有！

**唯一能夠選擇是要快樂，或者悲傷的，就是你自己！**

知名喜劇演員及電影明星格魯喬．馬克斯曾說：

「每天早上，我一睜開眼就對自己說：有能力決定我今天快不快樂的，不是事件，是我自己。我可以選擇今天要怎麼過。昨日已逝，明日尚未來到，我要過的只有一天，也就是今天，而我要快樂地過。」

所以才有這種說法：要帶著感恩的態度過生活。

感謝生活中的某樣事物，感謝你呼吸到的氧氣，感謝超市貨架上滿滿的食物，感謝你的心智，感謝孩童的笑聲。一定有什麼是你覺得感激的。

那麼，感恩之心為何如此重要？

**當你的注意力放在感激，當你處於感恩的狀態，藉由吸引力法則，你會吸引更多讓你覺得感激的事物進入你的生命中！**

所以，請再次提出正確的問題：

為什麼我如此感恩？

生命中有什麼讓我覺得感激？

我為何如此幸運？（這個問題對我特別有用，讓我明白自己能有這樣的生活眞的非常幸運。）

## 感謝現在，就會創造出讓你感謝的未來

將「感恩」加入「渴望」與「相信」中攪拌，就能帶來正向、熱情、力量，讓你可以成為、可以去做、可以擁有任何事物！

我猜我是想再次強調一件非常重要的事：

**想要創造你渴望的一切，就必須有美好的感受。如果你覺得感恩，並將發生在你生活中的事視為祝福，而非重負，你的人生就會變得愈來愈好，而且是大為好轉！**

對現在已有的，心存感激；對即將出現的，心存感激。記住，那都是你創造的。

如果你創造了現在已有的，那麼，你也正在創造未來將出現的；若感謝現在，就會創造出讓你感謝的未來。

再說一次：

你創造了你的現在，「你的」當下；你創造了這一刻。過去某時某地的你，創造了你的現在。所以，要很感恩哪！**愈是感激現在的一切，你就會創造出值得感恩的未來**。明白了嗎？

如果對過去、現在及未來的一切都心存感恩……

那就是**正面的期待**！

你不會因爲閃亮新車至今都沒出現，覺得洩氣，而是會爲了那輛車眞的出現那一刻感到興奮。看出差別來了嗎？

這就是一個有意識地創造自己未來的人，與一個總是停滯不前的人，他們之間的差異。

## 若感覺很好，就是在允許自己渴求的一切到來

期待最好的，並對此覺得快樂、覺得感恩，然後，你就會**允許**你最深切的渴望進入自己的生命——這就是你**接收**渴求事物的方式。藉由感恩，你產生正面的期待，因而允許你渴求的一切進入你的生命。

而想要知道自己有沒有「允許」，也很簡單：

透過你的**感受**，亦即你的**情緒**！

如果你感覺很好，就是在允許它們到來；如果感覺很糟，那就是在抗拒。

就這麼簡單。因此，請留意自己的感受，並跟著調整你的思想與情緒。我還是要再次強調，你的**情緒狀態**眞的非常重要。

最後，我想引述《失落的致富經典》書中的一段話：

「感恩的理由：如果懂得感謝，就能讓自己的心靈與那一切祝福的來源建立起更親近的關係。」

好，現在到哪兒了？

來看看我們目前有些什麼：

渴望

相信

感恩

振動或存在狀態

簡單來說，爲了顯化自己的渴望，你必須處於感恩——或快樂——的狀態。你要有強烈的渴望，相信自己可以、將會，也值得擁有你渴求的一切。

根據吸引力法則，**處於感恩的狀態，或心存感激，你將吸引一切讓你感恩的事物在你的生活中顯化。**

換句話說……
要充滿喜悅！
要爲那樣的喜悅感恩！
你就會吸引更多値得喜悅的事物！
眞的，就這麼簡單！
接下來要看的，便是我個人實現這一切所用的百煉妙法。

# 第 7 章
# 這樣對自己說話，就能翻轉命運：肯定句與問句

不斷對心智提供正面語句、提出正面問題，會產生新的正面信念。控制內在話語，你便能控制自己的思想，繼而掌控自己的人生。

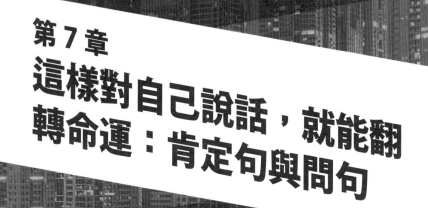

光是讀這一章，就這麼一章，便能改變人生。

你是否曾用不好的字眼罵自己？例如不小心把飲料灑在地上，立刻對自己說：「我眞是白痴！」有時甚至說得更難聽。

我們都做過這種事。

但你眞的是白痴嗎？或者，比白痴更糟糕？

我假設你不是。但沒一會兒，可能出了包或犯了錯，你又選擇變成白痴了。你選擇拚命罵自己、責備自己、奚落自己。

這是你的內在話語。**你對自己說話的方式決定了你的感受；但更要緊的是，你對自己的感受也取決於此。**

例如：「爲何我做什麼都不順？」

如果有人大部分時間心裡都想著這個問題，你認爲他們會吸引什麼、顯化什麼？

何不說：「爲什麼我絲毫不愁沒錢？」

拿這個問題問自己，一天十五小時、一小時問十次，連續問個四週，我想結果會令你驚喜。

此處的重點在於：對自己說話、與自己對話的方式，是生活中非常重要的事。如果用對方法，有意識地進行，持續夠長時間，它就會成爲一種習慣，同時你也**重新設定了自己的潛意識**。

習慣是一種由潛意識掌控的行爲。一旦成爲習慣，我們做那件事情時就無須多想。就像開車，十七歲的我在開車時必須想著每個細節；三十年後的現在，我開車時完全不會去思考開車這件事，而是由潛意識主導全局。具有一、兩年以上開車經驗的人，就知道我在說什麼。

那麼，你想養成什麼樣的習慣？

是「我怎麼一天到晚錢不夠」那種，或是「爲什麼我絲毫不愁沒錢」？

我知道這個問題不用回答也曉得答案，但你剛剛因而想了一下，不是嗎？

## 重新設定自己很容易

你有沒有說過「我就知道！」這種話？

這通常是你認為狀況很糟或很負面時做出的反應。這個「我就知道！」的反應，透露出你的思維、你的**存在狀態**；也就是說，發生不好的事在你意料之內。事實上，你預期它會發生，你有負面的期待，你的存在狀態是負面的！

好，先來說個壞消息（如果你選擇視其為壞消息）：

**不好的事是你創造，或共同創造出來的**。

沒錯，就是你。

如果你是那個說出「我就知道！」的人，你對事物的看法是負面的，或者照我的說法，你對事物有負面的「流」。**吸引力法則才不管究竟是怎樣，如果你表現出某種負面期待，就會得到你所要求的**。法則就是法則！

接下來說說好消息：

這是舊有的設定。你透過多年經驗，無意識地學習種種事物——你聽見、看見、感覺到。潛意識像海綿一樣將其吸收，現在，它成了一種看不見的思考習慣。你向宇宙傳送那些想法與感覺，宇宙便回傳給你相等的實物。你很可能從不曉得自己都在這麼做，直到現在。

有了這份自覺，你可以重新設定自己。這其實很容易。你要改變自己的內在話語，透過你所說的、所想的，以愛、尊敬與仁慈對待自己。

當你做到這件事，就算只有一點點，你的人生會變得非常歡喜、圓滿，於是再也沒有什麼能阻擋你。你成爲自身命運的創造者，你想要是什麼，就會是什麼。爲何？因爲，如果你愛自己、尊敬自己、榮耀自己，宇宙回應給你的同樣會是愛、尊敬與榮耀；而假如你知道愛、尊敬與榮耀一直向你走來，想像一下，你會在生命中顯化些什麼啊！

這就是我們來到世上的原因：爲了歡喜、爲了快樂，而不是爲了受苦受難。

## 透過內在話語改變自己

那就開始透過內在話語來改變你吧（如果你需要改變）。我不認識你這個人，所以，你得做一些自我確認——要對自己誠實，看看你目前狀況如何。**你必須意識到自己的內在對話：你的念頭。花些時間覺察自己的思想。**

我剛開始留意我的自我對話時，用了一、兩個小技巧來看看我喜不喜歡我對自己說的那些話；換句話說，那些話是負面、悲觀的，還是正面、樂觀的？我會假裝我在心裡說話的對象不是自己，而是我祖母。有點好笑，但是請聽下去。

來講個小故事：

有個承包商來幫我家裝修。用電鋸砍樹時，他不小心把延長線切成了兩半，氣炸了，於是開始大喊：「天啊，我眞是個白痴！」

聽到他的聲音，我跑出去看，以爲他受傷了。他一遍又一遍地大吼：「天啊，我眞是個白痴！」等他稍微靜下來後，我問道：「爲什麼要說這種話？你對自己的祖母也會這麼說嗎？」

他停下手邊的事，我覺得他應該沒料到會聽見有人這麼說。接著，我告訴他：「哇，你眞幸運。你可能會砍到自己的手，而不是一條只要十美元的延長線。別因爲一場小意外或一個小錯就責怪自己，事實上，因爲這次的教訓，以後很可能再也不會發生這種事。對自己多點尊重，你是個好人。」

這就是重點：**要帶著尊敬、仁慈與愛，對自己說話**，如同你對祖母說話那樣，或者也可以假裝你是在跟九個月大的嬰兒講話。我試過，效果很棒。

懂了嗎？

換句話說，要停下來想一想！學著抓出你這種貶低自己的行爲，然後將之轉變成令人振奮的正面話語。

「我爲何如此幸運？」

「我走了什麼好運？」

「我怎麼把自己照顧得這麼好？」

「我爲何如此健康？」

「宇宙怎麼會這麼愛我？」

這樣知道了吧？很好。

所以，下一次遇到狀況時，先深呼吸，做一段正面的肯定聲明，或是問一個好問題。養成習慣後，那些「狀況」就不會那麼常出現了。

在此同時，請一整天從早到晚反覆運用肯定句和賦予力量的問題，你的態度與對人生的看法將產生神奇的變化。

這非常重要！**你的內在話語指引你的念頭往某個方向走，所以，請先引**

**導你內在的話語。**

一整天都要這麼做，直到你養成習慣。

簡單嗎？

沒錯！

容易嗎？

不一定……

這裡要說的事實是：你必須培養自制能力。**控制內在話語，你便能控制自己的思想，繼而掌控自己的人生。**如果你選擇認爲這很容易做，它做起來就會很容易；假如你選擇認爲它很難，就會很難。什麼答案都對。

所以，請整天持續對自己說正面肯定句，問自己一些賦予力量的問題。要強迫自己去做，控制自己。

如果你眞心想要擁有夢想中的美好人生，就必須對自己的幸福負責。那麼，就藉由不斷對自己說出正面話語，來負起責任吧。

我這麼做了，至今也持續進行。

眞的有用！

請照我的指示去做。我知道它們看起來太簡單，不過，眞的就這麼簡單。你不該覺得這些東西複雜，因爲它們並不複雜。我這本小書的好處就在這裡，簡單明瞭。其他相同主題的書通常很嘮叨、冗長，但內容都是一樣的。請不要騙自己去相信你需要讀一本厚達四百頁的書，吸引力法則才會有效。

相信我，這東西很簡單。

## 正面肯定句時時隨口說

以下列出一些你可以運用的正面肯定句。如果這張清單裡沒有一句能讓你產生共鳴，建議你上網去找。在搜尋網站鍵入「正面肯定句」，應該就能找到你用得上的句子。

但是，容我提供一個小小忠告：最好的肯定句，是你自己想出來的那些。我相信，你的潛意識對你自身的創造力最有反應，所以，不妨運用接下來這些句子作爲指引，之後你就曉得該怎麼做了。

❖我確信一切都順心如意。
❖每一天，我在各方面都愈來愈好。
❖我是自己人生的主宰。
❖我愛錢，錢也愛我。
❖我愛這樣的自己，欣賞這樣的自己。
❖我可以擁有想要的一切，沒關係的。
❖我享受放鬆，喜歡玩得開心。
❖我擁有的愈多，能給予的就愈多。
❖我知道宇宙愛我、支持我。

❖我敞開來接收宇宙的所有祝福。

❖我選擇快樂，就在此刻！

❖我此刻正在享受我做的每件事。

❖我與＿＿＿＿的關係十分美好且充滿愛。

❖無論做什麼，我都做得很成功。

❖我很好。（自信、快樂、充滿愛等。）

❖我的身體很容易且很快就痊癒。我十足健康。

❖我的錢永遠非常夠用。（我個人最愛這一句。）

❖我的心智已調整好，要吸引財源滾滾來。

❖金錢（豐盛、發達、成功）總是很容易、很慷慨地流向我。

❖我是金錢的磁鐵。

❖我對自己有牢不可破的信心。

❖我對自己生命中的豐足覺得感恩。

❖我決心成為什麼，就可以是什麼。

抓到重點了吧！請找出你覺得最適合的。

## 賦予力量的問句

你平常大概不會聽到太多自我成長導師談到這個部分，但如果你希望獲得更好的答案，就要提出更好的問題。賦予力量的問句比肯定句更上一層樓。之所以這麼說，是基於心智運作的方式。人的心智在接收到肯定句那樣的訊息時，可能會馬上加以否定。

例如，若你反覆對自己說：「金錢很容易、很慷慨地來到我手上。」你的心智可能會馬上回答：「嗯哼，看看你那可憐的存摺！」

然而，如果運用賦予力量的問句，心智就會去證明它的回應。「為什麼金錢總是如此容易、如此慷慨地流向我？」此時心智的回答就正面多了，因爲你已經預先假定問句的正面部分爲眞。

我常常問自己問題，這是我學到用以改變自身狀態的第一招。

我先從一般的「如何」「爲何」之類的問題開始：

「生活中的什麼事物令我感恩？」

「我如何賺到更多錢，並享受這個過程？」

「我如何賺到更多錢，並在過程中幫助其他人？」

我也會視目前想改進的生活層面，運用賦予力量的問句：

「我怎麼如此充滿自信？」

「爲什麼所有事情都順心如意？」

「爲什麼我絲毫不愁沒錢？」

我通常會在心裡以強而有力的肯定句回答這些問題，效果很讚！

接下來是一些賦予力量的問句。要想出這樣的問句，最簡單的方法就是將符合你需求的正面肯定句重新安排成問題。

❖生活中的什麼事物令我感恩？
❖我該怎麼做來讓自己快樂（並享受這個過程）？
❖我可以採取哪些步驟，朝理想的事業前進？
❖爲什麼我如此健康？
❖我怎麼把自己照顧得這麼好？
❖爲什麼我絲毫不愁沒錢？
❖爲何事情總能順心如意？
❖我如何解決這個問題（更有錢、更健康），並享受其中的過程？
❖爲什麼我這麼棒（傑出、厲害、呱呱叫）？
❖爲什麼神（宇宙、本源、造物主）這麼愛我？

❖這件事好在哪裡？
❖我可以從中學到什麼？
❖我爲何總是知道正確答案？
❖我爲何如此被愛包圍？

你應該懂我的意思了。

對自己提出賦予力量的問題，尤其是預設性問題，是極爲強大的方法，能幫助你創造你渴望的一切。

就請試試這些肯定句及問句，體會一下，而且要練習、練習，再練習。「重複」是關鍵——意思就是，你要常常說！這些話語是用來重新設定你的潛意識，所以可能需要經常重複，才能滲進去。

那麼，使用的時機呢？

問句及肯定句的部分，我通常會在**剛醒來**或**臨睡前**進行，這是潛意識比較敞開來接受建議的時候。我特別喜歡躺在床上，一邊說著「我是……」的肯定句，一邊入睡。

「我是快樂的。」

「我是富有的。」

「我是健康的。」

我會一再重複這些話語，直到進入夢鄉。利用它最願意接納的時刻重新設定潛意識，是很棒的方法，所以我覺得效果非常好，對你應該也會很有用。

至於白天一整天，我往往會使用「概括性」問句及肯定句，好讓心智持續運作，並有意識地創造我想要的事物。

所以換句話說，我總是在使用這些東西。不斷對心智提供正面語句、提出正面問題，會產生新的正面信念。一旦固定運用、養成習慣之後，你甚至不會知道自己正在這樣做！

## 開心地大玩特玩吧！

# 第 8 章
# 超強魔力的觀想技巧

觀想時，你在意識層次愈相信，你的潛意識就愈容易跟著相信，而你的渴望也會愈快顯化。

終於來到本書的精髓啦，也就是創造你渴望的事物可運用的技巧。
我們已經有了最重要的器具與材料：

❶器具：
振動
存在狀態
生理狀態

❷材料：
渴望
相信
感恩（允許）

要加入更多器具、補充其他材料也可以，但那些東西因人而異，取決於每個人自己的渴望。現在我要告訴你運用想像力的基本技巧，以及觀想你想要的事物時最棒且最簡單的方法。如果經常運用，你其實只要學第一個觀想技巧就夠了。我自己就是只靠這個基本技巧，便獲得驚人成果。做法簡單得很。

## 簡單好用的基本觀想技巧

### 一、寫下你的渴望

問問自己想要什麼。先從你相信有可能發生的小事開始，之後隨著信心增強，再逐漸把目標放大。請把你的渴望寫在紙上，也可以寫在記事本裡，例如：「五百美元的意外之財在我的生活中顯化出來，讓我現在好開心、好感恩。」

## 二、讓自己放鬆

坐在一張舒服的椅子上，或是躺下來，確保自己不會被打擾，然後放鬆，做二至三次深呼吸。我呢，會閉上眼睛，對自己說：「我的頭頂現在放鬆了。」接著，「我的耳朵放鬆了。」「我的眼睛放鬆了。」再深呼吸一次。「我的鼻子放鬆了。」就這樣一路往下，到肩膀、胸口、大腿，然後是腳趾。「我全身從頭到腳都放鬆了，而且感覺非常好。」再次深呼吸。

接著，我對自己說：「我要從十往回數，數到一時，我會進入很深的、很放鬆的狀態，而且感覺非常好。」然後慢慢從十倒數到一，並繼續深呼吸。現在，你應該覺得非常放鬆。

## 三、要相信你已經擁有

現在開始想像你渴望的事物，想像得愈明確、你心中的影像愈清楚，其力量就愈強大。想像你擁有自己渴望的事物，真正看見你拿著想要的那樣東西，或與渴慕的那個人在一起，或處於你渴求的狀況中。要運用想像力，你必須**感覺到**自己彷彿已經擁有了！比方說，如果你想要某樣東西，就要想像自己摸到它或握在手中，看見它的顏色和大小。它聞起來有味道嗎？嘗起來是什麼滋味？會發出聲音嗎？想像擁有那樣東西帶給你什麼感受。盡情地這樣玩吧！在心智中體驗這一切，彷彿那是眞的，因爲對你的潛意識來說，那的確是眞的，就在此刻。

## 四、以正面宣言表達

你可以用一些強烈、正面的話語表達對你渴求的事物的感受，在心裡說或大聲說出來都行。「我眞的超愛這東西；我眞的好高興在這裡；擁有這樣東西我超高興的。」（本書用了一整章來談肯定句及自我對話。）

## 五、適當的觀想時間

至於練習觀想的時間，你覺得自在就好。爲了給大家一個方向，我建議先從幾分鐘做起，慢慢延長爲十到十五分鐘。我自己是習慣做十五分鐘，一天二到三次。我尤其喜歡在臨睡前觀想，因爲快入睡時特別容易放鬆。

## 六、結束時的宣言

我總是用以下這段宣言爲觀想畫下句點：「這樣事物（即你渴求的東西），或比它更棒的事，現在已透過輕鬆而和諧的方式爲我顯化出來，且符合所有相關人士的最大利益。」

這段宣言是要「提醒」宇宙注意，如果會發生更美好的事，我已敞開心胸準備接受，且希望對每個相關人士都有好處。

這就是基本觀想技巧，十分簡單。

幾個重點提示：

❖你的潛意識不知道那是你的想像，或者是眞的。所以你在想像時，宇宙（神、造物主、本源）接收到的思想與影像，便如同你實際上正身歷其境一樣，而宇宙必定會將你想像的一切回傳給你。

❖觀想時，你在意識層次愈相信，你的潛意識就愈容易跟著相信，而你的渴望也會愈快顯化——最起碼，你會看見「巧合」。

❖對於這些「巧合」，你必須敞開心胸接受。回想一下我的「藍羽毛」故事，宇宙「暗示我」或「對我說」，我渴望的事物已經在路上了。

❖要有美好的感覺！正面情緒（愈強烈愈好）會讓過程變得有趣、充實、更輕鬆自在。

❖問問題：「我要怎麼在觀想時有好的感覺？這個過程爲什麼讓人感覺這麼棒？」

❖練習、練習，再練習！

❖相信。

❖相信。

❖再相信！我在此鄭重強調你要相信，就算信了百分之九十九，剩下那百分之一的懷疑也會阻撓你的渴望顯化。下定決心，全然地相信吧！

## 其他觀想技巧

接下來提供另一個類似的技巧。

### 訴諸言語的觀想技巧

❶寫下你渴望的事物。

❷放輕鬆。

❸不用想像的，而是訴諸言語，看是要說出來或默念皆可，反正你這樣做時就會在心中看見影像了，所以跟上述技巧相似。這裡的重點是，你要懷著強烈的意念去說，要充滿熱情、萬般堅定。

例如：「得到這份＿＿＿的新工作，我好開心、好感激。這份工作好充實、報酬好高、好有創意，此刻我看見自己的人生愈來愈美好，一天比一天更棒！」

❹反覆地說，當作真言或肯定句那樣複誦。透過「重複」，才能讓情緒與影像進入心智中。

❺你甚至可以結合這兩種技巧，只要讓你自在、感覺良好就行！

從本章提供的兩種技巧中找一個來運用，你的人生將會出現奇蹟。我的人生就變得很神奇。這也是一般人會失敗的地方，大多數人都不想做這種練習，覺得很費精力或太花時間。但是，我想問問你：

此刻你有在做些什麼來創造自己想要的一切嗎？效果如何？

如果沒什麼效，姑且相信這個方法吧。

這招真的有用！

## 第 9 章

# 給你的建議、重點及其他有用資訊

這一章要簡短談一下幾個值得你去了解的相關主題，因爲其中好些內容都能成爲利器，助你一臂之力。

如果你讀過其他自我成長、心靈勵志或吸引力法則的書，大概已經注意到，有些在類似書籍中會談到的內容，你以爲會在這裡讀到，我卻沒寫。但正如本書開頭所言，我希望給讀者的，是一本簡單、明瞭、不廢話、不胡說的書。

我有此意圖，於是自問：

「哪些方法從過去到現在都有幫到我？要如何把這些心得以盡量簡單的方式分享給某個人或一群人？這資訊能否讓人立即運用，而不會覺得不勝負荷或不知所措？針對使人生有正面轉變這一點，我覺得哪些資訊其實並**不需要**知道？」

我眞的很希望你覺得讀這本書就像坐在我家沙發上跟我聊天一樣，簡單、易懂。

前面那些章節的內容都符合上述條件，但我也要讓你知道，還有許多關於自我成長與吸引力法則的資源。本書最後一章就來簡短談一下幾個值得你去了解的相關主題，因爲其中好些內容都能成爲利器，助你一臂之力。

## 宇宙／本源能量／造物主／無限智慧／神

這個部分是我之前決定無論如何都要避談的。我希望每位讀者都從自己的內在開始檢視，而不是先向外看。我要說的是，每個人對宇宙或本源或無限智慧或神是如何運作的，都有自己的一套信仰，而且大多從靈性的角度來表達。由於信仰太多樣了，我想最好還是留給讀者自己去決定。

我無意分化任何人的宗教信仰或靈性理念。

我相信，宇宙（這是我個人對慈愛造物主的稱呼）愛我們、支持我們，希望我們擁有最好的。宇宙有許多自然法則，最強大的當然是吸引力法則。

我相信我們有完全的自由意志，**會擁有什麼樣的人生，由我們自己決定，而宇宙將透過吸引力法則給予百分百的支持。**

許多書籍和老師會**告訴**你，在這方面你**應該**相信什麼，眾多不同的宗教也這樣做。但我想問：「誰才是對的？誰有權決定？」

答案是：你自己。

所以，只要讓你感覺最好的，我鼓勵你就順著自己的感覺去做。

我相信人來到世上只有一個理由：活出喜樂人生。

無論要做些什麼才能擁有充滿喜悅的生活，去做就對了！

## 宇宙之流

標題中的「流」是什麼意思？

你自己或你認識的人是否曾經搭船行經河流？一般人都知道，河是朝著某個方向「流動」，如果有人試圖朝反方向划槳行船，也就是「逆流而上」，往往得費很大的勁，可能會很辛苦。

宇宙的流動跟這很像。宇宙會增長、擴大，朝著善的方向移動。我相信你一定覺得有些時候日子輕鬆、有趣，有些時候則艱難、痛苦。我的看法是，**你覺得艱難、痛苦時，正是在逆流而行**，因爲我認爲人生應該是輕鬆有趣的、是喜樂的、是愉快的。

我想說的是「順流而行」這四個字。如果你有一丁點使勁、掙扎，就表示你正逆著最有益於你的「流動」而行，你正在和宇宙對抗、和自己對抗。如果有什麼事讓你不快樂（也就是逆「流」），問問自己：「我能做些什麼來讓感覺變好？」請讓自己就定位，順流而行。

決定或想要逆流，就叫作「抗拒」。

## 抗拒

你在抗拒對自己最有益的事。**若要看出你是在「抗拒」或「允許」，關**

**鍵指標就是你的情緒、你的感覺**。如果在抗拒，你會覺得很糟，或憤怒、失望等，也就是感受到某種負面情緒。

你應該視這樣的抗拒或負面感受爲一大問題。如果你有所抗拒，當然就無法顯化你想要的事物。世界上有多少人「抗拒」變富有？或是抗拒豐盛、抗拒發達？

答案是：很多！

爲什麼？

如果你在想到金錢或成功時，感受到某種負面情緒，你就是在抗拒金錢、成功或健康，諸如此類。你把「某種痛苦」與上述事物聯想在一起，你擋住它們了。

既然金錢是大家熱中的話題，就來談談金錢吧。其實這番道理適用於任何事物，例如健康、人際關係等，但這裡就以金錢爲例。

**你之所以錢不夠用，或是賺得不夠多，或是欠了一屁股債，原因很簡單：**

**你對金錢有所抗拒，無意識地抗拒**。這通常是因爲過去曾發生些什麼，而你的潛意識信以爲眞，於是導致這份抗拒。

例如，你的父母也許曾灌輸你「金錢是萬惡之源」或「錢不會從天上掉下來」等觀念。如果你老是聽到這些話，且其中飽含情緒，你會不自覺地相信這些觀念。於是，不難想見你的生活會愈過愈拮据，除非你有辦法消除那份抗拒。

在今日的社會，有錢人被媒體描繪成魔鬼的信徒。但你知道，富人其實爲這世界做了很多好事嗎？最起碼，他們開設的公司爲千百萬人提供生計。然而，媒體卻一竿子打翻一船人，讓有錢人看起來都像壞蛋。

如果你的潛意識無論如何就是認爲有錢「不好」，在清理那個信念之前，你的日子都會過得很辛苦。**如果你認爲有錢會使你變成壞人，你就會抗拒金錢。你發送出的「振動」說著：「錢是壞東西，別讓它靠近我，我不想變成壞人。」**

這個道理適用於任何渴望，例如身體康泰、擁有一段快樂且充滿愛的關係、事業有成等。

提出要求，必得回應。宇宙只是在回應你的要求罷了！

對於金錢（或任何渴望）的種種信念，你的那些抗拒，必須被改變。

怎麼做？

請改變你的信念，清除你的抗拒（參見提到「相信」那一章）。

## 清理

儘管前面已經約略談到，我們可以藉由改變內在話語及生理狀態來清除舊信念，但仍有其他對你或許也有用的清理方法。如果你現在眞的很難做出什麼改變，且似乎沒辦法引導自己的思想與情緒，那麼，我猜你的抗拒眞的非常強烈。如果你也覺得是這樣，就必須先清除那份抗拒，才能往前邁進。

容我說一句，你可能需要人幫你一把，以清除抗拒。看你需要的是成功學教練、人生教練，甚至是心理治療都行，你比任何人都了解自己。

我相信，每個人內在都有能力，去解決自己面對的任何問題、創造自己想要的一切。可惜的是，有些人得靠某種形式的協助，才有辦法掌控自己的人生。

如果你認爲自己需要幫助，就別怕求助。只要是有助於你的，宇宙都會提供！

再回來談清理。

我已經在前面的章節提供生理與內在話語方面的練習，若你還想知道其他有助清理的練習，我就再列出幾個。

進行清理練習時，我通常先從一個問題開始。例如：

「我無法擁有 XXX，是因爲……」然後一一列出我想到的理由。

「我無法擁有一部新車，是因爲……」：

・我不值得開新車。

・我沒錢買新車。

・新車太難入手。

諸如此類。無論你想到什麼，念頭也好，情緒也罷，現在都要加以處理。不要壓抑，也不要試圖改變它們，那樣的做法一直以來對你都沒用，所以，我們來試著把它們統統清掉。

請把問題列在紙上（這會喚醒你的心智）。

最先要做、也最簡單的，是情緒的清理。

## 情緒清理

情緒清理是去覺察自己心智與情緒上的衝動及反應，以療癒或整合它們。

### 情緒清理這樣做

❶停止抗拒體內的負面感受，反而要去覺察自己的身體，讓它告訴你一些訊息。

❷停止抗拒你的情緒，反而要去覺察那些情緒，允許它們發生。（我們會藉由投射與壓抑，以避免實際感受自己的情緒。如果要真正把情緒清理掉，就必須停止這麼做。）

❸停止抗拒與壓抑負面想法，反而要去觀察、質疑它們。

❹一旦完成上述三個步驟，請繼續這樣做，讓它們告訴你源頭在哪裡。

5. 跟隨那些情緒、感受、想法（信念），回到它們在你童年時期的源頭，並允許所有相關的負面情況與經驗存在。這會創造出一種狀態，讓最初形成的創傷或超出負荷的事件，自然而然開始療癒或消退。

6. 允許這一切軟化，流入你的身體空間，在體內四處流動，然後離開身體。在此同時，以充滿扶持意味的輕擁，抱住那個幼年時的自己。

7. 請繼續這樣做，直到你感覺有一股龐大的能量被釋放，甚至可能是一種宛如「內在平靜」的基本狀態。

這個清理方法很常見，也很簡單。可能需要一些練習，但請別放棄。也許，在結束之前你會經歷某種「導瀉作用」，但之後你的感覺會很好。

## 情緒釋放技巧（敲打法）

接下來要提的這種清理法，叫作情緒釋放技巧，又稱敲打法，我自己實際用過，覺得很有收穫。事實上，我對使用成效頗感驚訝，因爲它做起來的樣子還滿呆的。第一次聽到時，我對這方法十分懷疑，但我這個人心胸開放，願意試試。

情緒釋放技巧是一種通用的輔助療法，針對**未獲解決的情緒問題**，幫助身體能量系統恢復平衡。尚未解決的情緒問題可能會堵塞或擾亂遍布全身的經絡，因而損害我們自然療癒的潛能。這個方法藉由重新調整經絡，並聚焦於某個尚未解決的情緒問題，常能增進個人心靈平靜，且有助舒緩許多身體症狀。

雖然情緒釋放技巧是基於針灸原理，但它簡化了重新調整的過程，只要輕輕敲打頭部、軀幹和雙手的重要穴位即可。這個過程不像傳統針灸那樣需要施針，而且人人都能學，人人都適用。

好，以上是複雜的定義。換成簡單的用語，就是以手指輕敲身體的某些部位，同時對自己說一些句子和肯定句，以清除你的某種懼怕、恐慌，甚至身體問題。

我不是這個方法的專家，這裡會提到它，是因爲我自己（抱著十分懷疑的態度）使用過，而且的確成效卓著。學習這套技巧只須花你幾分鐘，而且很容易學會。它操作起來的樣子很呆，連執行師都這麼認爲，所以，嘗試時要先有心理準備。

總之，這個方法確實帶給我正面成效。基本上，你就是聲明你想改變的某個狀況，然後在反覆說著肯定句時，輕敲身體特定穴位，據說可以經由這樣的敲擊釋放負面能量。假設你害怕某樣事物好了，敲擊穴位時，你藉由反覆說著「我很害怕」，來聲明自己的恐懼感受，這樣應該可以減輕你感受到的恐懼。

網路上關於情緒釋放技巧的資訊多到令人眼花撩亂，但我要你知道，這套奇特的方法對我很有用。然而，我不認爲是敲打本身起了作用，而是**一直重複的肯定句**幫上忙。我眞的大力推薦使用肯定句。

事實上，多年來我研究過許多成功人士，幾乎每個人都在生活中運用肯定句。這個方法簡單有效，能幫助你進入你眞切渴望身處其中的狀態，而且很快就發揮作用。

說肯定句和運用情緒釋放技巧的差別，在於身體的動作。

我想，如果你正爲抗拒和堵塞所苦，不妨試試這個方法。就像我前面說的，在嘗試並操作了一陣子之後，成果令我很驚喜。這也許就是你一直在尋找的那個方法。

**其他清理方法**

・西瓦心靈術
・瑟多納釋放法

這兩種方法我都研究過，但都不曾使用。聽人說它們很相似，而我因爲從不覺得有此需要，所以未曾嘗試，但很多人非常信賴這兩種的其中一種。我覺得，如果其中之一引起你的興趣，就去了解一下，做點功課研究研究。由於我兩者都沒試過，所以不會推薦任何一種，但這不代表它們沒用。如果有個方法能幫助你，我卻連提都沒提，那可不行。也許你正是需要這兩種方法的其中一種來幫你清理堵塞，以向前邁進、大幅成長。你可以上網搜尋這兩種方法的相關資訊。

## 靜心

這裡將粗淺地談談靜心。靜心是清理身心的堵塞、抗拒及其他種種負面性非常好的方法。正確而規律的靜心，可以帶來平靜與幸福感——一種和宇宙合一的感覺。

我每天都會靜心，已經八年了。我非常確定靜心幫助我找到深切的內在平靜，讓我放鬆、靜定、內心清明。

如果你也想試試，靜心這個方法最棒的地方在於，我已經告訴你如何進入靜心狀態了。若你回去看想像力／觀想那一章（第八章），那裡教你放鬆以開始觀想的方法，差不多就跟靜心的方式一樣。

**靜心這樣做**

找個舒服的姿勢——建議你採取坐姿，但我知道很多人是躺著靜心（只要別睡著就好）。閉上眼睛，深呼吸，放鬆身體從頭到腳的肌肉。從十倒數到一。接下來的十五到三十分鐘，請專注在自己的呼吸，或念誦一句真言（例如「我和宇宙合而為一」），讓心智保持清淨。如果有念頭冒出來，放掉它即可。就這樣。再來就是練習、練習、練習。

你也可以去買相關教材，來幫助自己進入靜心狀態。這通常是藉由用耳機聆聽加入「雙聲拍」的音樂，讓大腦處於某種腦波頻率——據說透過規律靜心也能達到這個效果。根據自身經驗，我可以告訴你，市面上有些運用雙聲拍的教材滿不錯的。此外，想要學好標準靜心技巧得花上很長的時間，加入「雙聲拍」的音樂則可以很快產生效果，且使用簡易。

我用過「Brain Sync」有聲程式與「Holosync」這套音頻技術，兩種都很棒，前者以相當平實的價格提供許多靜心光碟與MP3下載，後者我會說是一種靜心專用教材，你要投入多年時間去運用，然後隨著歲月過去，進入愈來愈深層的靜心。這套教材不便宜，所以你應該是要真正有興趣，且能好好堅持每天用它來靜心一小時。市面上還有其他教材，但我使用這兩種就已經大有成效，足以讓我信心十足地宣稱：如果你決定運用雙聲拍音效來靜心，上述兩種程式或教材必有一種可以符合你的需求。

重點是，靜心絕對可以增進你創造自己想要的一切的力量。它眞的能打開你的心智，迎進美妙的內在平靜，幫助你清理抗拒。我非常推薦！

## 設定目標

我讀過無數關於目標與目標設定的文章。有人說，目標愈多愈好，如果你想得出幾千個，就設下幾千個目標；也有人說，只有幾個目標會比較好，分成短期、中期、長期，或是財務、健康、人際關係等。

問題是……

我讀了那麼多目標設定「專家」講的東西，他們卻往往意見不同。有的說目標要設得特別高遠，有的又說要將目標設定在你相信有可能實現的高度。哪種方法最有效？哪種方法才正確？

兩邊我都試過，結果都是有好有壞。所以，我後來是這麼做的：設定中期目標，但我不稱之爲目標，而是「渴望」與「意圖」。

目標跟渴望眞的有什麼不同嗎？我不認爲有差別。在紙上寫下你的目標，仔細思考一番，想出使之發生的方法，然後必要時就採取行動。你可以回去看看講渴望那一章（第四章），你會發現那跟目標是一樣的。

所以，談到目標與目標設定，請用你對待你的渴望的方法去做。

列一張清單，寫下你希望你的人生是什麼樣子——你想擁有的事物、希望出現在你生命中的人。然後，寫下你想要實現這些渴望的時間範圍，看是一年、三年、十年或二十年，腦筋要清楚，可別把自己逼瘋。

設定目標往往讓人壓力很大。人們想要的東西太多，卻不知道怎麼達成。如果你是這種人，覺得設定目標讓你抓狂，請你就放鬆吧。像我就會訂一些簡單而清楚的短、中期目標，但抱持幾個非常強烈的渴望，然後專注於此。一旦你有意識地開始在生活中顯化種種事物，你的信心就會一飛沖天！那便是設定目標的最佳時機。

關於目標，有趣的是它們一直在改變。達到也好，沒能實現也罷，心中出現的下一批目標總是跟以前不同。既然你的目標不斷在改變，就沒必要爲了它們抓狂。

設定幾個目標（渴望），然後就放手去追尋吧。過程中要保持彈性、保持良好的感覺。

至於你的存在目的嘛……近來我看到爆多關於「人存在的目的是或應該是什麼」的討論。你爲何來到世上？你在這個地球上有何特殊目的？

許多吸引力法則執行師都在強調這個：人人都有其特殊的存在目的。

別誤會，我認爲每個人都有特別的天賦，但我覺得，你來到世上的目的其實很簡單。

就是**喜樂**！

你怎麼能把一個人的存在目的窄化成某個特定內容呢？以麥可．喬丹為例，許多人說他的存在目的即是打籃球，簡直荒謬！

喬丹的終極天賦是成為卓越的籃球員，他眞的很厲害！但他也鼓舞、啓發了數百萬人。喬丹後來成為企業家，他的名字實際上在世界各地提供了數千份工作；他為數百萬人帶來喜樂。不要只看打籃球這件事，其存在目的更為遠大。

你的存在目的是要盡可能充滿喜悅、盡可能快樂。找到自己的天賦，加以運用，並與世人分享。

你的存在目的，就是喜樂！

## 愛

既然前面已經說過你的存在目的是喜樂，接下來，就讓我們進入精采的最終章，談談存在的理由：**愛**。

什麼是愛？

愛是仁慈，愛是欣賞，愛是喜歡，愛是豐盛，愛涵蓋所有你能想到的正面情緒，包括喜樂，包括感恩。

愛能征服一切。

我想我可以一直講下去。喜樂是你的存在目的，而你來到世間的理由，則是愛。事實上，我聽過許多較早期的執行師把吸引力法則稱爲「愛的法則」。沒有愛，我們的生命會是什麼模樣？你能想像自己的生命中什麼形式的愛都沒有嗎？

你看，你眞的無法想像沒有愛、沒有仁慈與憐憫之心，生命會是什麼模樣。倘若現在的你感覺不到愛，請試著將自己敞開來接受愛。愛，能改變你的生命。

愛造就了我們。

愛幫助我們度過難關。

愛讓我們變得更好。

愛是一切萬有。

你來到這裡，是為了去愛與被愛。那是最高的成就。

愛自己，愛全人類。一切萬有的創造者愛你，也愛其他所有人。

懷抱著愛，愛便到來。

〈附錄1〉
# 吸引力法則懶人包

## 觀想前問自己的問題

❶我有何感受？那些感受是正面或負面的？
❷我的「存在狀態」爲何？我發出什麼樣的振動？
❸我的渴望有多強烈？
❹我是否**相信**那是有可能的？
❺我的渴望是否帶給我非常棒的感覺（熱切的渴望）？
❻我的渴望是否基於所有相關人士的最大利益？
❼我要如何在此刻擁有美好的感覺？

## 觀想步驟

❶寫下你的渴望。
❷放鬆（眼睛閉上）。
❸開始觀想（想像你的渴望已經實現）。
❹要眞正**感受到**！
❺以正面話語聲明你的意圖。
❻以一段宣言結束觀想。

## 產生良好感覺的方法

❶練習在鏡子前覺得（看起來）心情很好。笑一個！

❷你看起來快樂嗎？

❸運用生理方面的技巧（爲自己打氣）。

❹聽你最喜歡的音樂。

❺做運動。

❻大喊大叫（讓心臟跳動）。

❼帶著仁慈、尊敬與愛對自己說話。

❽不斷地說正面肯定句，直到狀態改變。

❾運用賦予力量的問題，讓你的心智產生正面、有正當理由的回應。

❿盡你所能讓自己感覺美好！

**如果你有非常美好的感受，就會讓更多美好的事物在你生命中顯化。**

# 〈附錄2〉延伸閱讀清單

我在這裡列了一些參考資源，各位可能覺得有必要去看看。這些資源都很棒，雖然我不認爲它們絕對有必要一讀，但你會從中得到靈感或啓發。之所以說它們並非必要，是因爲該有的你都有了。你只須跟著「這一本書」的操作指示，攪拌混合吸引力法則「食譜」裡的材料，然後持之以恆。千萬、絕對、不要放棄！

我非常推薦前三項資源，在我邁向成功與幸福的路上，這三本書用得最多，而最終我也明白，我只需要這三本。雖然我覺得你只要遵循這本書裡的指示就夠了，但加上我最推薦的三本書，亦能帶來很大的幫助。

其他資源則依我的偏好程度列出。

現在就去做吧！

跟著書中的指示開始行動，成為你真正渴望變成的那個你。如果我做得到，我知道你也可以。

我最深切的渴望是：

希望我寫下的文字對你很有用。希望這本書為你的人生帶來的助益，遠遠超乎你和我的想像。

祝你一切順心，你值得擁有順心如意的人生！

## 我最推薦的三本書

### ❖《思考致富》

這本書造就的百萬富翁比現今任何一本出版品都多。

❖**《失落的致富經典》**

此書是「以吸引力法則顯化財富」這件事最初、也是最好的指南。朗達·拜恩寫出暢銷書《祕密》的一大靈感來源，正是這本書。

❖**《每一天，都是全新的時刻》**

本書提供簡單卻強效的指引，教你運用想像力顯化你渴望的事物。

## 其他很棒的資源

❖**《激發個人潛能》**（光碟）

歷來最受歡迎、最具影響力的成功學教材之一。

另可參考：

《喚醒心中的巨人》（書）

《激發心靈潛力》（書）

❖ **《財富金鑰》**

約與《失落的致富經典》差不多時間寫成，據說《祕密》亦受此書影響。此外，比爾．蓋茲似乎也是因爲看了這本書，而決定自大學輟學，創辦微軟。

❖ **《有求必應：22個吸引力法則》**

作者之一伊絲特．希克斯擔任非物質界群體——他們自稱「亞伯拉罕」——的傳訊管道，教你顯化自己渴望的事物。

❖ **《祕密》**

這本暢銷書及其同名影片讓大眾認識吸引力法則的觀念。

另可參考：

《魔法》（書）

❖《富裕，屬於口袋裝滿快樂的人》

本書針對如何創造你渴望的事物，提出一個非常有趣又有用的觀點。

❖《這才是魔法：在平凡生活中創造奇蹟》

作者偉恩．戴爾從較偏靈性的角度切入，告訴你可以用什麼方法爲人生帶來你想要的改變。

❖《成功法則：從現在出發，邁向理想未來》

本書的焦點是古今成功人士都用過的六十四條法則。

❖《快樂致富的七大策略》

這是一本傳授致富策略的書，作者是該領域數一數二的激勵講師。

❖《創造生命的奇蹟：影響五千萬人的自我療癒經典》

本書傳達的訊息歷久彌新，告訴我們，每個人都要爲自己的生活實相與身心不適負責。作者露易絲．賀是身心靈出版社「賀書屋」的創辦人兼董事長。

Eurasian Publishing Group
圓神出版事業機構
用心與你對話・綠野無限寬廣
方智出版社
Fine Press

http://www.booklife.com.tw reader@mail.eurasian.com.tw

方智好讀 080

# 眞人實證！我靠吸引力法則賺到三千萬

作　　者／E・K・尚多（E. K. Santo）
譯　　者／孟紀之
發 行 人／簡志忠
出 版 者／方智出版社股份有限公司
地　　址／台北市南京東路四段50號6樓之1
電　　話／（02）2579-6600・2579-8800・2570-3939
傳　　真／（02）2579-0338・2577-3220・2570-3636
總 編 輯／陳秋月
資深主編／賴良珠
責任編輯／黃淑雲
校　　對／黃淑雲・賴良珠
美術編輯／金益健
行銷企畫／吳幸芳・凃姿宇
印務統籌／劉鳳剛・高榮祥
監　　印／高榮祥
排　　版／陳采淇
總 經 銷／叩應股份有限公司
郵撥帳號／18707239
法律顧問／圓神出版事業機構法律顧問　蕭雄淋律師
印　　刷／祥峰印刷廠
2015年12月　初版
2023年10月　28刷
How I Made Over $1 Million Using The Law of Attraction: The Last Law of Attraction, How-To, or Self-Help Book You Will Ever Need to Read


定價 250 元　　ISBN 978-986-175-410-9　

你本來就應該得到生命所必須給你的一切美好！
祕密，就是過去、現在和未來的一切解答。

——《The Secret 祕密》



國家圖書館出版品預行編目資料

真人實證！我靠吸引力法則賺到三千萬／E・K・尚多（E. K. Santo）著；
孟紀之譯. -- 初版. -- 臺北市：方智，2015.12
192面；14.8×20.8公分. --（方智好讀；80）
譯自：How I Made Over $1 Million Using The Law of Attraction: The Last Law of Attraction, How-To, or Self-Help Book You Will Ever Need to Read
ISBN 978-986-175-410-9（平裝）
1.成功法 2.自我實現
177.2　　104021538